浜松

こだわりの美食GUIDE

大石正則 監修　ふじのくに倶楽部 著

浜松 こだわりの美食 GUIDE

CONTENTS

本書の使い方

How to use

フレンチ

食材を余す所なく楽しめるコンプリートフレンチ

Ma Maison Ishiguro《マ　メゾン　イシグロ》

浜松市中区

1_コースのニース風サラダは、じゃがいもの中にオーブンで焼いた魚のカマをほぐしいれたもの。ブラックオリーブとアンチョビのタプナードソースとドライトマトの酸味が絶妙なバランス　2_オーナーシェフの石黒智康さん　3_黒い壁にビビッドなアートが飾られスタイリッシュだが、ライティング加減でどこか温かみのある店内　4_ブイヤーベース(2,600円)は御前崎のイトヨリダイ、ニューカレドニアの甘さが美味の天使の海老などボリュームもある。多目のオリーブオイルが出汁を引き立てる美味しさ

ブラックの壁に、エレガントに設えられたテーブルウエアが上質な大人の空間を作り出している。開放的なオープンキッチンは囲むものが一切なく、テーブルに座りながらシェフの手作業がよく見える。「化学調味料などは一切使わず、野菜も肉魚も一物丸ごと美味しくいただるよう調理する」と話す石黒シェフの純粋な料理哲学への自信の裏付けが感じられるキッチンだ。その想いは料理にも感じられる、例えば、ステーキに添えられた人参もブイヤーベースに入った沢山の野菜も皮がついたままでもなんの違和感もなく美味しくいただける。食材の全ては出汁などの旨味に余すことなく使用され、一物でいただいた方が体に優しく断然美味しいとシェフ。おかませコースがメインで、一品ずつ食事に合うワインを選べるよう壁に書かれたグラスワインリストの種類が多いのも嬉しい。

❶ 店名

取材に協力していただいたお店の正式名称を入れています。

❷ 料理のジャンル

お店でいただける料理を、おおまかなジャンルで色分けし、見やすくしています。

❸ 写真

実際にお店で食べた料理や店内などを撮りおろした写真です。写真の傍に説明が入れられなかったものに関しては、写真についている番号とリンクさせて内容を説明しています。

❹ 本文

実際にお店で食べて取材した内容を記載しています。季節によって料理の内容が変わる場合があります。

❺ おすすめMenu

主なメニュー内容や、その他のおすすめメニュー、料金の目安などを記載しています。金額は基本的に税別、サービス料金別の表示です。料理名の表記は基本的にお店での書き方に合わせています。

※取材時期の関係上、料理や価格の表記・表現にゆれがありますことご承知下さい。

❻ 外観

お店の外観や看板です。目印に使ってください。

❼ ショップDATA

店名、住所、電話番号、定休日、駐車場、URLなどを記載しています。またお店の詳しい情報として、座席数、禁煙、予約の有無、クレジットカードが使えるかなどがここで分かります。

❽ アクセスMAP

お店へ行くまでの地図を入れています。近隣の道や目印を簡略化してあります。

青森のぷりぷりのホタテと野菜のソテー（1,600円）は、バターとワインビネガーの少し酸味のあるブールブランソースで

【おすすめメニュー】おまかせコース6,500円～、その日の鮮魚を使ったお料理1,800円
静岡県産の豚肉ロースト 粒マスタードソース1,800円
黒毛牛芯々のステーキソース ポートワインソース3,000円、その他煮込み料理

■ランチタイムの料金の目安　1,000円～　■ディナータイムの料金の目安　6,500円～

Ma Maison Ishiguro

浜松市中区元城町222-25　2F
☎070-1188-0141
営ランチ12:00～14:30(13:30L.O) / ディナー18:00～23:00(22:00L.O)
休水曜　P なし
HP https://ameblo.jp/gurotoshi/

【席数】テーブル席13
【煙草】禁煙
【予約】ある方がベター　【CARD】可
【アクセス】浜松駅・新浜松駅より徒歩で15分

本書に記載してある情報は、すべて2019年9月現在のものです。お店の移転、休業、閉店、またメニューや料金、営業時間、定休日など情報に変更がある場合もありますので、事前にお店へご確認の上、お出かけ下さい。

食べ歩きを愛するグルメ通に訊く

大石正則

必食の店

静岡県の西部は進化している!

静岡県の西部は、遠江(とおとうみ)の歴史、「なんでもやってみよう」というやらまいか精神、豊かな自然、関西文化圏からの影響などが一体となって、稀有な食文化を醸成してきた土地です。肉、野菜、魚介類などの食材に恵まれ、醤油やソースといった調味料もあります。だから、浜松を中心とする静岡県の西部には、古くから地産地消の心意気が根付き、和食、フレンチ、イタリアン、中華、エスニックなど、あらゆるジャンルの料理に一流店が存在します。しかも、生来のやらまいか精神で、どんどん新しいスタイルの店が誕生します。この10年間でも、各飲食店のレベルは間違いなく上がっていて、ある種の進化も見られます。食べ歩きを趣味とする人はもちろん、食文化や食育に関心のある人、そして私のような者にとっても、静岡県の西部から目が離せません。

本誌監修者

大石正則（おおいしまさのり）さんプロフィール

1948年静岡県掛川市生まれ。グルメ評論家。20代の頃からライフワークの食べ歩きを始め、これまでに訪れた店舗は全国2万2千軒以上におよぶ。一級建築士として多くの実績と受賞歴を持ち、福祉事業や文化活動にも尽力。「静岡おでんの会」初代会長をはじめ、静岡県余暇プランナー、しずおかまちづくりアドバイザーなどを歴任。カルチャーセンター講師として食文化の発信に努めるかたわら、各種メディアへの寄稿、掲載、出演も多数あり。趣味は古刹巡り、落語、おかめ・ひょっとこコレクター、釣り、ボウリングなど。

大石正則

必食の店

蕎麦招人《そばしょうにん》 仟《せん》

掛川市

★★★

大石コメント

この店のためだけに掛川へ出向く価値があります。寡黙なご主人による誠実な仕事ぶりに感激します。中でも天ぷらの品質は専門店を凌駕するレベル。お酒も進む粋な店です。

石臼で挽く自家製粉、噛んで感じるそばの味

18歳でこの世界に飛び込み25年。島田の「そばの花」で修行後、地元に念願のお店を開店して着々とその知名度を上げている店主・塚本竜大さん。そば粉は石臼で挽く自家製粉、水まわしする時はリズミカルに、練る時は力強く、のばす時は優しく、切る時は丁寧に。そばと向き合い、対話しながら黙々と打つ熟練の技に圧倒される。と同時に、塚本さんのそばへのこだわりと愛情がひしひしと感じられ、食べる前

鼻から抜ける香りと噛むごとに引き立つそばの風味を堪能したい天せいろ(1,600円)。旬の素材を味わうサクサクの天ぷらも評判

から否が応にも期待が高まる。玄そばとむき実、つなぎの配合で作る二八そばはやや太めに切り揃え、「すするそばではなく噛むそば」を提供。それもすべて「そば本来の味と香りを楽しんでもらうため」と塚本さん。噛むごとに野趣あふれるそばの風味と弾力のある食感は存在感抜群。そばの味を生かす甘めのつゆと絡みも良く、忘れられない味わいを醸している。

厚めの鴨肉は柔らかく旨味が凝縮。熱いだしをかけてレア程度に仕上げた「鴨南」1700円。鴨の脂で焼いたネギの甘みと相まって極上の一杯に

おすすめメニュー　天せいろ1,600円、鴨せいろ1,700円、鴨南1,700円
野菜おろし1,050円、そば豆富350円
自家製そばアイス350円、自家製もち汁粉550円

ランチタイム・ディナータイムの料金の目安　1,000円〜

蕎麦招人 仟

掛川市水垂909-1
☎0537-21-7660
🕐11:00〜14:00　17:30〜20:00
休月曜、第2日曜　P14台
HPインスタグラムあり
【席数】カウンター席4、テーブル席12、座敷席10
【煙草】全席禁煙　【予約】不要
【CARD】不可(ペイペイ可)
【アクセス】掛川バイパス宮脇ICより北へ車で2分

1_なめらかな舌触りと風味がとりこになるそば豆富(350円)。半田市の陶芸作家に依頼したオリジナルの器も料理を引き立てる　**2**_モダンで温かみあふれる、居心地の良い店内。人が大好きという塚本さんの温かな人柄もお客を惹きつける　**3・4**_「お客さんが"うんうん"と言いながら喜んで食べてくれるのが一番うれしい」と店主の塚本さん。その笑顔を思い浮かべながら仕込みに精を出す　**5**_師匠から譲り受けて以来大切にしてきためん棒は、くびれができるほど使い込んでいる

大石正則

必食の店

四季の味《しきのあじ》しんや《しんや》

浜松市東区

探してでも行きたい、隠れ家の京懐石

店主・鈴木悦夫さんの妥協なき素材選びと、素材の持つ力を引き出す確かな技が光る京懐石。運ばれるごとに美しさにはっとし、口にするたび繊細で深い味わいに感動する。店名のとおり〝四季の味〟を余すところなく堪能できる名店だ。接待にも使われる格式を持ちつつも、気軽に懐石に親しんでほしいという店主の思いから、コース以外にも気軽に楽しめるお膳も用意している。そして特筆すべきは美しい

皮がパリッ、身がふっくらとした鮎の塩焼きは、蓼の葉をすった蓼酢をちょっとつけて食べるとまた格別。焼けた炭に茶葉落とし、煙と共にほのかに立ち上る茶の香も贅沢な気分にさせてくれる

★★★

大石コメント

県西部では一番の和食店でしょう。「おもてなし」という言葉は、この店のためにあると思えます。料理はもちろん、店内のしつらえ、女将の心意気などにも感動がありますよ。

盛り付け。桜、ほおずき、ろうばい、もみじなどその時々の花や緑を添えた斬新なあしらいが心憎く、盛り付けに一層の奥行きを持たせている。「世界から日本を見た時、作り方から盛り付けに至るまで、全てにおいて美しく繊細な和食の魅力に改めて気づいた」という二代目・基文さんの海外での経験が多分に生きている。伝統に誠実な手仕事と〝外から見た和〟の粋が宿る一皿で目でも舌でも四季の移ろいを堪能したい。

お昼に味わえる花遊膳。煮物、揚げ物などが花かごに盛り付けられ、季節の味を少しずついただける

生き蛸を茶の葉で柔らかく湯がいた蛸や花弁蓮根などを盛り合わせた八寸。夕顔を器にほおずきを添え、涼やかな一皿に。ご懐石（おまかせコース）5,500円の一例

1_魚のすり身と大和芋、車海老などを合わせて冬瓜で包んだ冬瓜饅頭。だしの効いた銀餡が上品さを醸す **2**_落ち着いた趣ある座敷は接待や慶事などに。椅子を配しているため年配の方にも喜ばれている　**3**_洗練された枯山水風の庭園を眺めながら目と舌で季節を愛で、五感で食す。茶の湯の心得のある女将のもてなしも心地良い　**4**_二代目の鈴木基文さん。伝統を守りつつ、地域の人の口に合うようアレンジされた京懐石でもてなしてくれる

おすすめメニュー

ランチ　花遊膳1,900円と2,500円の2種類（土日祝はそれぞれ500円アップ）
四季の膳1,900円、嵯峨野3,300円（ミニ懐石コース）、嵐山5,500円〜（懐石おまかせコース）

ディナー　ご懐石おまかせコース
嵯峨野3,300円、嵐山（梅）5,500円、嵐山（竹）6,800円、嵐山（松）8,500円

ランチタイムの料金の目安　2,000円〜　**ディナータイムの料金の目安**　3,300円〜

四季の味 しんや

浜松市東区安間町650
053-423-2556
11:30〜14:00、18:00〜21:00
休月曜（祝日の場合は営業・翌日休）、第2月曜・火曜
P45台　HPhttp://www.shiki-shinya.jp/

【席数】テーブル席20、カウンター席6、個室席20
【煙草】全席禁煙（外の喫煙スペースは可）
【予約】ある方がベター　【CARD】可
【アクセス】JR天竜川駅より車で5分、東名高速浜松ICより車で7分

大石正則

必食の店

鳥料理《とりりょうり》 鳥浜《とりはま》

浜松市中区

親子三代で受け継ぐ 創業60余年の老舗の鳥料理店

店の半分は創業当初の昭和の香りが残るお座敷、残りの半分は三代目のこだわりが感じられる洗練されたモダンなデザインとくつろぎの空間。創業当初からの人気メニュー「冷やし鳥」は、蒸した鳥をすぐに氷で表面を冷やすことで外側はしまり、中は温かくやわらかで噛むと冷たさの中に旨味がぎゅっと詰まっていて鳥肉の食感と旨みを味わえる逸品。店の看板メニュー「鳥すきやき」は創業以来変わらぬ味の八丁味噌で煮込んであり、味噌の香りが食欲をそそる。鳥肉にたっぷり味噌をからませ卵にくぐらせるとまろやかで美味。最後は全部の具の味のしみ込んだ味噌をごはんにかけていただく最高の締めが待っている。

浜松では珍しい雉料理は、雉のお造りからしゃぶしゃぶまである。普段家庭でも出番の多い鳥料理が、伝統の味と調理法で記念日などにぴったりの贅沢なフルコースに昇華されている。

1_初代から続くメニューの冷やし鳥は、独特な調理法で鳥の旨味、食感を味わえる　**2**_4名まで入れる個室は子どももOK　**3**_カウンターは相席NGのためプライベートな空間をもてるのも嬉しい　**4**_18畳の座敷は団体予約も可能　**5**_オーナー料理長の伊達一さん

3

1

2

★ ★ ★

大石コメント

甘い、濃い、辛いという最近の食味トレンドを古くから提唱してきた名店です。ダシに含まれる甘みが、辛味と一体になり、濃厚な風味を放ちます。まさに必食の美味ですね。

鳥のすきやきは、創業以来変わらぬレシピ。岡崎の八丁味噌と鳥のガラスープでぐつぐつ煮るが、3年寝かした八丁味噌は、塩分が少ないため甘辛すぎず、コクがある。たっぷり絡めていただこう

おすすめメニュー　鳥すきやきコース5,000円、鳥しゃぶしゃぶコース5,000円、雉しゃぶしゃぶコース7,000円

ランチタイムの料金の目安　5,000円～

ディナータイムの料金の目安　5,000円～

鳥料理　鳥浜

浜松市中区千歳町44-1

☎053-452-2255

営ランチ11:30～14:00、ディナー17:30～22:00　休日祝

P3台　HPhttp://torihama.com/

【席数】テーブル席6、カウンター席5 個室3（2～22名まで対応）

【煙草】一部喫煙可（座敷のみ可）

【予約】完全予約制　【CARD】可

【アクセス】JR浜松駅より徒歩8分

大石正則

必食の店

アトリエM・O・F《アトリエ エム・オー・エフ》

掛川市

枠にとらわれない自由な静岡イタリアン

扉を開けると目に飛び込んでくるのはオープンキッチン。どんな素材をどう調理しているのかをつぶさに見ることができるので、肉の焼ける香りやパスタをゆで上げる湯気などライブ感溢れる様子が楽しく、食べる前からワクワクしてしまう。客席と厨房の隔たりのない開放された造りは、「材料も調理過程も見せられないものはない」というシェフ・大内謙治さんの想いの表れだ。地元でとれた、体にいいものを食べて暮らすイタリアの「マスター・オブ・フード（ＭＯＦ）」という考えに基づき、使う素材は旬の野菜や肉、魚介など静岡県で採れる旬のものにこだわる。そしてそれら食材の魅力を最大限引き出した最高の状態で提供することにも手間を惜しまない。静岡の恵まれた素材が織りなす珠玉の料理はイタリアでも食べられないオンリーワンの味。ここでしか出合えない「静岡イタリアン」を味わい尽そう。

1_「見られるといういい緊張感をもって調理しています」とオーナーシェフ大内謙治さん　**2**_フォアグラととうもろこしのジェラート　サマートリュフ添えでは、森町のブランドとうもろこし甘々娘をジェラートに。食材を見るとアイデアがサッと浮かぶというシェフの自由な発想も魅力の一つ　**3**_希少な部位を使った柔らかで旨味のある黒毛和牛のいちぼ。普段は静岡そだちを使うが、いいものが入ったとこの日は三ヶ日牛の雌で。とろけるような食感と上質な脂の甘みが抜群だ。アラカルト2人前・3,900円　**4**_オマールエビとハマグリのパン粉焼き。パッションフルーツの酸味のあるソースが魚介の旨味を引き立てる贅沢な一皿

2

1

3

★★★

大石コメント

M・O・Fはマスターオブフードのことですが、モストオブフードと言ってもいいでしょう。自由な発想から生まれる料理は絶品で、静岡イタリアンの源流であり最高峰です。

看板料理の「白桃とフルーツトマトの冷製パスタ」は、7月上旬から9月上旬までの期間限定。パスタを覆い尽す薄切りの桃はとびきりジューシー、絶妙な塩加減が桃の甘さを引き立てる。しっかり冷やされたお皿やフォークとともに、季節ならではの清涼感を楽しんで。アラカルトは1,280円

4

おすすめメニュー　ランチ　Bコース（前菜＋パスタ＋デザート&コーヒー）2,000円
ディナー　Aコース（前菜＋パスタ＋デザート&コーヒー）3,000円

ランチタイムの料金の目安 2,500円～　ディナータイムの料金の目安 4,000円～

アトリエM.O.F

掛川市中央1-4-15望月ビル2F
☎0537-23-4322
11:30～14:00（土日祝～15:00）
17:30～22:00（日祝～21:00）　休火曜
P店舗東隣アイペック中央パーキングに限り、1テーブルごとに1時間分の駐車券を進呈
HP http://www.atelier-mof.com/

【席数】テーブル席24
【煙草】全席禁煙（外の喫煙スペースは可）
【予約】ある方がベター　【CARD】不可
【アクセス】JR掛川駅より徒歩3分
【備考】インターネット予約も可能

大石正則

必食の店

ホテル九重 割烹《かっぽう》「汽水亭《きすいてい》」

浜松市西区

3人の料理人による創作会席を極上の空間で

浜名湖畔のホテル九重の2階にある「汽水亭」。純和風の落ち着いた館内に入れば、目の前に広がるのは浜名湖のパノラマビュー。大草山にロープウエイ、湖面を行き交う遊覧船を望む景観は日常から離れ小旅行に来た気分にさせてくれる。

3人の料理人が月替わりで創作会席昼膳のメニューを考案。前菜からデザートまで多くの料理に使用されているのは、「浜松パワーフード」と呼ばれる浜松の食材たち。取材時の7月には天竜椎茸、舞阪産畳いわし、遠州灘天然黒鯛にちりめん、天竜抹茶、契約農家の野菜など浜松の豊かな旬の食材が、料理人の熟練の技でため息が出るほど美しい会席に仕上げられ、まさに五感が満たされる感覚を味わえる。特別な日にはパノラマビューを独り占めしているような個室で過ごせる優雅な「夢ノ菜」がおすすめ。食後は入浴もできるので浜名湖の景観を眺めながら自家源泉の「九重の湯」も楽しみたい。

1_見た目も美しいお造りは、遠州灘の縞あじ、水蛸など地元の旬の鮮魚の盛り合わせ **2**_ホテルのロビー、汽水亭からも楽しめる見事なパノラマビュー **3**_若鶏、玉葱、牛蒡、浜松産の舞茸、三つ葉がたっぷりと入った駿河湾産桜海老の卵とじ **4**_浜名湖産青のりの玉子豆腐が入ったお吸い物 **5**_浜名湖うなぎの山椒煮がのった遠州灘ちりめんの炊き込みご飯 **6**_浜松のいなさ牛乳使用のまろやかな天竜抹茶のティラミスと浜松産ピオーネ **7**_手前の前菜は、奥浜名湖遠州手延べ素麺磯辺揚げ、舞阪産畳いわしの利休焼きなど。奥右は、涼感漂う丸那須の翡翠煮、遠州灘天然黒鯛を湯葉で巻いたものと。奥左は、太刀魚包み揚げ、三方原馬鈴薯などの天麩羅。料理は季節ごとに変わる

1

2

3

★★★

大石コメント

店を取り巻く景観も美食の要素であることを改めて感じます。ここで過ごす時間は上質さにあふれていて、誰もがもう一度訪れたいと思うはず。リピータが多いのも納得です。

7

4

5

6

おすすめメニュー　華日和 5,600円、夢ノ栞 8,500円～

ランチタイムの料金の目安　4,200円～

ホテル九重 割烹「汽水亭」

浜松市西区館山寺町2178
☏053-487-1112
🕒11:30～14:00 休不定休 P120台
HP https://hamanako-kokonoe.jp/dayplan/

【席数】テーブル席68・個室9（2～52名）
【煙草】全席禁煙
【予約】要　【CARD】可
【アクセス】JR浜松駅から無料シャトルバス（要予約）で約45分、東名高速 舘山寺スマートICより約7分・浜松西ICより約15分

大石正則

Column 食コラム

美食とは?

美食とは「上質な食を超えた概念である」と私は考えます。「おいしい」という感覚だけではなく、ある種の精神性を持った最上位の食ではないでしょうか。例えば、食事に関わる人たち(生産者、料理人、店舗スタッフなど)の心意気の中に、自然を愛し、先人を敬い、未来を切り拓く発想などが宿っていると、料理は上質さをたたえながら、気高い精神性を帯びて、食べる者に感動を与えてくれます。今回、本書で紹介するのは、そんな基準で選んだ飲食店です。

年間700店

私がこれまでに回った飲食店は、全国で2万2千軒を超えます。単純計算で年間700軒、毎日2軒のペースで新店を開拓しています。と言うと「情報はどこから?」と質問されるのですが、「情報は発信すればするほど、向こうからやってくる」というのが私の持論です。ですから私は、カルチャースクール、グルメイベント、講演会、各種メディアなどを通じて積極的に発信を続けています。おそらくこれは、一般の人たちも同じです。ほうぼうで「あの店は美味しかった」「あの料理は絶品だった」と言い続けていれば、やがて新しい情報がどんどん舞い込むようになります。今はSNSなどの発信ツールも充実しているので、それらを利用しても良いでしょう。コツコツと情報発信を続けていれば、確度と精度の高い情報が自然に集まってきますよ。

注目エリアは?

静岡県の西部地域の中で、私が最近注目しているのは、御前崎、掛川、湖西エリアです。これらの地域は、土地に余裕があるので新規出店が多く、老舗や名店の二代目、三代目などが独立開業するケースも多いのです。ですから、新店でありながら、びっくりするような美食と出合う可能性が十分にあります。中にはアクセスの悪い店もありますが、出かけてみる価値は大いにありますよ。

浜松でおすすめの

美食の店ガイド

本場フランスでも認められたカジュアルフレンチ

bistro a table

ビストロ　ア　ターブル

浜松市中区

3

1

4

2

5

1_ブルターニュ地方の名物料理ガレット。メニューは季節で変わる。この日は、フランスの厳選チーズを4種類使用したブルトンガレット。パリパリにチーズが焼かれた香ばしい香り、濃厚な風味が口の中に広がり絶品　**2**_窓からの光が気持ちよく、赤で統一されたセンスのよい店内　**3**_写真のコルシカ島のワイン、フランスロワール地方カベルネフラン1996、フランスのジュラ地方伝統の黄色のワインヴァンジョーヌなど、ワインは国内外から厳選した100本以上を揃える　**4**_厚めのフォアグラのテリーヌ（1,512円）には、自家製ブリオッシュ、赤色のルバーブジャム、中東の香辛料デュカ、ペッパー、ゲランドの塩などを添えて　**5**_フランスのビストロを食べ歩いたというシェフの入江真さん。壁には黄色のゴエミヨ2019の証が

赤で統一された温かみのある店内。フレンチと聞くとコースをイメージするが、この店ではアラカルトメニューが充実、ワインのセレクションもワイン通をうならすほど。オープンから5年、「本場のビストロのように食卓を囲みわいわい楽しんでもらいたい」というオーナーの言葉通り、ワインとアラカルトを楽しむビストロスタイルのファンがついてきた。2019年には、ついに本場フランスではあの「ミシュラン」と並ぶとされる料理評価本「ゴエミヨ」に紹介された。秋にはフランスのジロール茸や生トリュフ、ムール貝は濃厚でクリーミーな味に惚れ込みモンサンミッシェルから仕入れるなど、食材にもこだわる。野菜は地元の契約農家から仕入れたものを使用、どのプレートにも旬の野菜がふんだんに使われておりかなり食べ応えがある。コスパの良さも魅力。

焼きと寝かしを1時間かけて繰り返して仕上げるエゾ鹿のローストは旨味がぎゅっと詰まりジューシー。エゾ鹿の下に敷かれた安納芋のペーストとグリーンペッパーソースが絶妙なバランス。野菜もたっぷりで食べ応えもあるので数人でワインといただきたい

【おすすめメニュー】エゾ鹿のロースのロティ3,000円、季節のガレット1,300円
仔羊背肉のロースト2,500円、atable前菜盛り合わせ2,000円(2名〜)
エスカルゴのブルギニョン900円

■ランチタイムの料金の目安　2,091円〜　■ディナータイムの料金の目安　4,545円〜

bistro a table

浜松市中区富塚町2299-3
☎053-528-7567
ランチ11:30〜15:00、ディナー18:00〜22:30
休水曜、第3火曜　P7台
HP https://www.bistro-atable.com/

【席数】テーブル席16　【煙草】全席禁煙
【予約】ある方がベター
【CARD】可（ディナーのみ）
【アクセス】JR浜松駅から遠鉄バス「冨塚車庫」より徒歩2分・浜松駅より車で15分

どれを食べてもシェフの粋な心遣いを感じる料理

THE BRASSERIE

ザ ブラッセリー

浜松市中区

1_ザ・ブラッセリーミートプレート(2名～6,000円税込)はシェフが厳選した国産の牛、豚、鶏と野菜のプレート。肉汁を閉じ込めるため低温で1時間近くかけて焼き、最後に塩でシンプルに味付けをし高温で焼き目を入れるなど、火の入れ方にもこだわる　**2**_大きな窓のある気持ちのよい空間　**3**_甘味の強いじゃがいもインカの目覚めのヴィシソワーズ、地元のフルーツトマトとモッツアレラ、三重県の真鯛、チキンとクリームチーズのロールなど盛り沢山のオードブル盛り合わせ　**4**_オープンキッチンでシェフの田中宏さんが迎えてくれる　**5**_オマール海老のトマトクリームは、一皿で二度美味しく食べられるようにと白ワインで蒸した海老をチーズで焼いてお客の舌を満たす。海老味噌とパルミジャーノレッジャーノチーズを使用した濃厚なソースも絶品

階段を登り店内に入ると、オープンキッチン、そして2階の窓から自然光が差しこむ開放感のある空間が広がる。和食、フレンチ、イタリアンと、都内の様々なジャンルの店で約20年もの間腕を磨いたシェフの田中さん。やがて「ジャンルにこだわらず、何を食べても美味しいと言われる店を」との思いから、地元浜松に1年前にこのお店をオープンした。田中シェフの料理を一言でいうと、「シェフの食いしん坊ぶりがわかる欲張り料理」。例えば、「フォアグラハンバーグのせオムライス」。ご馳走の上に美味しい物をのせてさらにその上に高級食材を添えた贅沢の極み。肉の焼き時間から味付けまで一人ひとりのお客の為に徹底的に管理する貪欲さもこの店の自慢。

本格フレンチのコースからパスタまで幅広いメニュー、お箸で食べられるカジュアルさもいい。とにかく美味しい物が食べたい人におすすめだ。

トリュフオイルの香りがさらに食欲を刺激するフォアグラハンバーグのせオムライス、オードブル盛り、デザート・ドリンク付で3,200円（税込・要予約）

【おすすめメニュー】（ランチ）ブラッセリーコース2,400円（選べるメイン、パスタ有）
エクセレントコース フォアグラのせハンバーグオムライス3,200円
（ディナー）オマール海老のパスタ4,800円、ミートプレート2名～6,000円
プレーンオムレツ特製キノコソーストリュフ風味1,800円　※すべて税込

■ランチタイムの料金の目安　2,400円～　■ディナータイムの料金の目安　4,500円～

THE BRASSERIE

浜松市中区板屋町626-2F
☎053-456-0125
⏰11:30～15:00、18:00～
休水曜、不定休　Ⓟなし
HP http://www.the-brasserie.net/

【席数】テーブル席8
【煙草】全席禁煙
【予約】ある方がベター　【CARD】可
【アクセス】JR浜松駅より徒歩10分・遠鉄新浜松駅より徒歩5分

味と香りを考え抜いた独創的フレンチ

Apéro

アペロ

磐田市

生でも十分美味しい新鮮なカツオを活かしたかつおの炙り。様々な食材の組み合わせの妙を楽しめるのも、こだわりの旬素材とシェフの力量があってこそ。メニューはおまかせコースが基本。最良のひと皿のために準備をするので、必ず5日前までに予約を

裏通りにひっそりと佇む隠れ家的なフレンチ。フランスで修行したオーナーシェフの中津川治さんが作るのは、鮮烈な記憶に残る独創的な料理。その唯一無二の味を求めて、グルメ志向のファンがこぞって通う。例えば「かつおの炙り」。さっと炙ったレアなカツオにキャベツの酢漬けと辛めのチョリソー、薄くスライスしたチーズを添える。脂ののったカツオ、酸味と辛みなど複雑に口の中で混じり合うが、垂らしたガーリックオイルが個性的な味をまとめ、旨味と風味を引き立てる。その調和は想像以上。「素材本来の持ち味を引き出す最高の組み合わせを常に考えています。それには味と香りのバランスの良さが欠かせません」とシェフ。ひと皿ひと皿が「どんな味か」と食べ手の想像力を掻き立てる、そのアート感はまるで音楽や絵をデザインしているかのよう。ここでしか出合えない発見に胸が高鳴るはずだ。

6

2

1

4

3

7

5

1_赤ワインの芳醇な香りが食欲をそそる牛ほほ肉の赤ワイン煮込み。つやのあるソースと柔らかなほほ肉のマリアージュを堪能しよう。キャロットピューレも味のアクセントに　**2**_軽さとコクを出すのに数えきれないほどの試作を重ねたというアペロ流のバスクチーズケーキ。キャラメリゼした香ばしさとクリーミーなチーズの味わいがたまらない　**3**_シンプルモダンな店内でゆったりとくつろぎの時を　**4**_自家菜園の野菜や地の物、オーガニック素材を取り入れるなど、安心で安全な食材選びにも余念がない　**5**_ラビオリのように詰め物をするパスタ、トルテリーニを猪肉で。オリジナリティ溢れる料理にソムリエの資格を持つシェフセレクトのワインを合わせれば、これまた格別　**6**_本枯節のような鹿肉を仕込み中。食べ頃になった時、どんな料理で登場するか楽しみ　**7**_最高級と謳われるタヒチ産のバニラを贅沢に使ったアイスクリーム。回しかけたオリーブオイルがバニラの濃厚なコクと香りを際立たせている

【おすすめメニュー】季節のおまかせコース6000円～、Tボーンステーキ 食材による時価

■ディナータイムの料金の目安　6,000円～

Apéro

磐田市鳥之瀬115-4
☎0538-86-3396
18:00～22:30
休水曜、不定休　P5台
HP http://apero.jp/

【席数】カウンター席2、テーブル席16
【煙草】全席禁煙
【予約】要予約(5日前まで)
【CARD】不可
【アクセス】JR磐田駅より車で5分

食材を余す所なく楽しめるコンプリートフレンチ

Ma Maison Ishiguro

マ　メゾン　イシグロ

浜松市中区

1_コースのニース風サラダは、じゃがいもの中にオーブンで焼いた魚のカマをほぐしいれたもの。ブラックオリーブとアンチョビのタプナードソースとドライトマトの酸味が絶妙なバランス　**2**_オーナーシェフの石黒智康さん　**3**_黒い壁にビビッドなアートが飾られたスタイリッシュな店内だが、ライティング加減でどこか温かみを感じさせる　**4**_ブイヤーベース(2,600円)は御前崎のイトヨリダイ、ニューカレドニア産の天使の海老などボリュームたっぷり。多目のオリーブオイルが出汁を引き立てる美味しさ

ブラックの壁、エレガントに設えられたテーブルウエアが上質な大人の空間を作り出している。開放的なオープンキッチンは囲むものが一切なく、テーブルに座りながらシェフの手作業がよく見える。「化学調味料などは一切使わず、野菜も肉魚も一物丸ごと美味しくいただけるよう調理する」と話す石黒シェフの純粋な料理哲学への自信が感じられるキッチンだ。その想いは料理にも感じられる、例えば、ステーキに添えられた人参もブイヤーベースに入った沢山の野菜も、皮がついたままでもなんの違和感もなく美味しくいただける。「食材を丸ごと使うことで出汁に旨みが生まれます。食材は一物でいただいた方が体に優しく断然美味しい」とシェフ。メインはおまかせコース、食事に合わせて自由に選べるよう、グラスワインリストを豊富に揃えているのも嬉しい。

青森のぷりぷりのホタテと野菜のソテー（1,600円）は、バターとワインビネガーの少し酸味のあるブールブランソースで

【おすすめメニュー】おまかせコース6,500円～、その日の鮮魚を使ったお料理1,800円
静岡県産の豚肉ロースト 粒マスタードソース1,800円
黒毛牛芯々のステーキソース ポートワインソース3,000円、その他煮込み料理

■ランチタイムの料金の目安　1,000円～　■ディナータイムの料金の目安　6,500円～

Ma Maison Ishiguro

浜松市中区元城町222-25　2F
☎070-1188-0141
🕘ランチ12:00～14:30(13:30LO)、ディナー18:00～23:00(22:00LO)
休水曜　Pなし
HP https://ameblo.jp/gurotoshi/

【席数】テーブル席13
【煙草】禁煙
【予約】ある方がベター　【CARD】可
【アクセス】JR浜松駅・遠鉄新浜松駅より徒歩15分

サロンのような本格フレンチ

レストラン　クレルレヴェイエ

レストラン クレルレヴェイエ

浜松市中区

1_本日の魚料理。この日は、揚げたうろこつきの甘鯛に少し酸味のあるバンブランソースで　**2**_デザートのファンも多く、6月中旬から7月にかけて登場する桃の赤ワイン煮 自家製バニラアイス添えは毎夏の人気。秋にはタルトタタン目当てにくるお客も少なくない　**3**_外国の壁紙やファブリックでラグジュアリーな空間を演出　**4**_テーブルコーディネートにもマダムのセンスが光る　**5**_帆立のムースをベースに4種類のキノコがふんだんに入ったキノコたっぷり帆立のテリーヌ サラダ添え

市内大平台にあった洋館のレストランから鴨江の住宅街に移転した「クレルレヴェイエ」。店内は小さくなったがマダムセレクトのインテリアは以前と変わらずシックでエレガント。「マダムのお店にようこそ」をコンセプトにマダムと田島シェフで歩んできて16年。初めて訪れる客も顔なじみの客も、マダムは変わらぬ笑顔で迎えてくれる。ホールでの特別な食事を演出して、裏方のシェフが真心をこめて全て手作りで本格フレンチを創り出す。このコンビネーションこそ、この店が長く愛される理由だろう。

そしてもう一つ長年愛される秘密はシェフのソース。「ソースあってのフレンチ」と、日々何種類ものソースを丁寧に作る。こだわりの材料と伝統の製法でじっくり時間をかけて作ったソースは、全ての料理の奥行きを深めてくれる。フォアグラも魚のソースも「格」を感じさせる重厚感だ。

フランス産の鴨ロースト&フォアグラソテーには緑胡椒とバターがきいたポワブルーベールソースで

【おすすめメニュー】おすすめプリフィックスランチ3,300円
アニバーサリーカップルディナーA15,000円（2名）　（ともに税別、サービス料込み）

■ランチタイムの料金の目安　2,500円～　■ディナータイムの料金の目安　5,000円～

レストラン クレルレヴェイエ

浜松市中区鴨江3-13-59
053-488-6767
11:30～14:00（LO12:30）18:00～21:00（LO19:00）
休木曜、第1,3水曜　P7～8台
HP http://www.clair-ru.co.jp/

【席数】テーブル席14　【煙草】全席禁煙
【予約】ランチはある方がベター、夜は完全予約制
【CARD】可
【アクセス】遠鉄バス「根上がり松」より徒歩2分

絶景の中でいただくホテル特製の味

静岡カントリー浜岡コース＆ホテル ラ・フローラ

シズオカカントリーハマオカコースアンドホテル　ラ・フローラ

御前崎市

肉料理の一例「和牛のラグー」

自然豊かな高松山にあるゴルフ場「静岡カントリー浜岡コース」のクラブハウスはホテルになっており、欧風料理レストランが併設。エレベーターで7階に上がり、中へ案内されると、窓の外に広がる絶景に思わず見惚れてしまう。風景とともに味わう心尽くしの料理は贅沢な気分にさせてくれる。名店で経験を積んできたシェフが腕を振るう料理は、ひと皿ひと皿、創意工夫が凝らされ、出てくる度に感動を与えてくれる。それはまるでシェフからのメッセージのように感じられる。使用されるのは御前崎で水揚げされる魚や遠州夢咲牛、地元野菜などの厳選素材。コースの終わりには、シェフがそれぞれのテーブルで挨拶をしてくれる。ぜひ料理に込められた想いを伺ってみたい。ランチは10名以上の予約客限定。同窓会などにも使えそうだ。

1_前菜の一例「生ハムと豚の低温マリネ　ジャルダニエール」　**2**_大きな窓からは、御前崎の市街地と海岸線が広がり、太平洋の水平線まで見通せる。天気がよい日に訪うことができれば、感動もひとしおだろう　**3**_デザートの一例「薔薇の香り」。バラの香りを閉じ込めた、泡に包まれたデザートは思わず感嘆の声が漏れるビジュアル　**4**_魚料理の一例「鰆のマリニエール風　カルタファタ包み」　**5**_記念日や特別な日に訪れるのに最適な雰囲気　**6**_3600円のランチコースの一例

【おすすめメニュー】ランチ2,800円～（10名以上、要予約）、プリフィックスディナー4,000円、フルコースディナー6,000円·8,000円、特別ディナーコース10,000円（要予約）

■ランチタイムの料金の目安　2,800円～　■ディナータイムの料金の目安　4,000円～

静岡カントリー浜岡コース&ホテル ラ・フローラ

御前崎市門屋2070-2
☎0537-86-3311
🕒11:30～14:00、17:00～20:30
休月曜　P約300台
HP https://www.scg.jp/hamaoka/

【席数】テーブル席26
【煙草】禁煙
【予約】要予約　【CARD】可
【アクセス】東名高速掛川ICより車で約20分、東名高速菊川ICより車で約25分

どんなシチュエーションでも美味しい料理を楽しめるお店

confiture

コンフィチュール

浜松市中区

毎日の仕入れで変わる魚のメニューは、この日は舞阪産のイサキのソテー（1,480円）。ブラックオリーブを使用したタップナードソースと、バジル、トマトの相性は抜群

名古屋や浜松のホテルでフレンチの修行をし、2006年に独立した和田シェフ。その理想は、メニューを開けばすぐにわかる。とろとろになるまで煮込まれた「牛ホホ肉の赤ワイン煮」はフレンチだし、「手長海老のトマトクリームソース」など15種類以上から選べるパスタはイタリアン。ランチには「サーモンカルパッチョ丼」「ココナッツミルクカレー」などのご飯ものも登場、さらには自家製デザートに至るまで、どんな好みも満たしてくれる。それでいて、料理はすべて本物だ。「ジャンルにこだわらず、友人やご家族と賑やかに楽しめるお店にしたかった」という和田さん。中にはお客のリクエストからメニューに加わった料理も。好みのワインと楽しむ本格フレンチのコース、カジュアルにアラカルト、グループでシェアするイタリアンスタイルなど、様々な楽しみ方ができる店。

2

1

5

3

4

1_甘味が強い静岡の“待ってたトマト”をふんだんに使用したフルーツトマトの冷製カッペリーニ（1,080円）は夏になるとこれを目当てにくるお客も少なくない　2_牛ホホ肉の赤ワイン煮（1,980円）は黒毛和牛をフォン・ド・ボー、トマト、香草野菜、赤ワインで5〜6時間煮込み、かなり濃厚な仕上がり。旬の野菜と一緒に　3_オーナーシェフの和田英之さん　4_ワインの品揃えも豊富でカウンターもあるため、一人でワインと食事を楽しみに来る客も多い　5_昼間でも落ち着いた雰囲気の店内

【おすすめメニュー】牛ホホ肉の赤ワイン煮1,980円、舞阪産イサキのソテー1,480円、
フルーツトマトの冷製カッペリーニ1,080円、ディナーコース2,600円、4,600円、5,800円

■ランチタイムの料金の目安　1,500円〜　■ディナータイムの料金の目安　2,500円〜　※すべて税込

confiture

浜松市中区住吉1-24-10
☎053-471-1115
🕘ランチ11:30〜14:00(LO)、ディナー18:00〜22:00(LO)・日祝18:00〜21:30(LO)　休火曜・第4月曜
P8台　HP https://www.confiture.jp/

【席数】テーブル席18、カウンター席5
【煙草】禁煙
【予約】ある方がベター　【CARD】可
【アクセス】遠鉄バス「聖隷病院前」より徒歩1分
JR浜松駅より車で15分

本場フレンチのエスプリ香るイタフレを味わう

ムッシュタキの店

ムッシュタキノミセ

湖西市

4

1

5

3

2

1_緑の平麺　トマトクリームソースはモッツアレラチーズとからみまろやかな美味しさ　**2**_パティシエ経験もあるシェフのデザート。バナナムース、マンゴーパイ、メレンゲなど見た目も華やか　**3**_光のふり注ぐ明るい店内　**4**_前菜の盛り合わせ。ライスサラダ、ボローニャソーセージ、スモークサーモン、カポナータ、イタリアンオムレツ、大豆の煮込み、ターメリックの色がきれいなマリネなど6〜8種類　**5**_お店をオープンして四半世紀近く共に歩んでこられたオーナーご夫妻

フランスの星付きレストランで修行をしていた時代に、当時日本ではまだ馴染みの薄かったイタリア料理の美味しさに衝撃を受け、本場イタリアでも修行を重ねたオーナーシェフの寺田孝義さん。イタリア料理店なのにフランス語の店名「ムッシュタキ」なのは、フランス時代のあだ名からだそう。二つの国を渡り歩いたシェフの料理は、フレンチとイタリアンのいいとこどりのハイブリッド料理。イタリアンの前菜であっても、野菜に薔薇のカットを施していたり、彩りなども華やかで美しく、どこかフレンチの小粋なエスプリが感じられる。メインとして供されるチキンの新じゃが包み焼きは、香ばしく焼かれた極細のジャガイモがチキンを包んだ一品。フレンチらしい手仕事の繊細さを感じさせるが、バルサミコを用いたイタリアン。もちろんイタリアンの定番の生パスタも本場の味だ。

メインのチキンの新じゃが包み焼きは、サクッと
揚がった新じゃがとジューシーなチキンがよく合う

【おすすめメニュー】前菜付パスタランチ1,450円、ビーフシチューランチ1,680円、パスタコース1,780円、ミニ会席2,800円（2名より）、おまかせ会席5,400円

■ランチタイムの料金の目安　1,000円～　■ディナータイムの料金の目安　1,800円～

ムッシュタキの店

湖西市新所岡崎梅田入会地14-13
☎053-577-3469
ランチ11:30～13:30（LO）、ディナー17:45～20:00（LO）
休火曜、第1,3月曜　P14台
HPなし

【席数】テーブル席16
【煙草】禁煙
【予約】ある方がベター　【CARD】不可
【アクセス】JR新所原駅より徒歩10分

稀有な食材に出合える欧風料理店

ALTA PONTE

アルタポンテ

浜松市中区

1_イタリアの希少な白牛のキアニーナ牛フィレステーキは、バター香るグリーンペッパーがアクセントのソースと。添えてあるフランスの野生のアスパラ、アスペルジュソバージュは初夏限定　**2**_本賀茂ナスのステーキは、イベリコの生ソーセージとたっぷりのカポナータ、伏見のししとうと共に　**3**_オープンキッチンを囲むようにテーブルが並び、作り立ての料理をキッチンから直接受け取るスタイル。オーナーシェフの高橋さんがお客さんとのコミュニケーションを楽しめるように考案したもの　**4**_ドルチェ盛り合わせ。ドライフルーツヨーグルトのロールケーキ、レアチーズケーキ、カシスと洋ナシのシャーベットは全て自家製　**5**_前菜三種。オープン当初から前菜の一番人気のクリーミーなタラモサラダ、天然真鯛のカルパッチョ、鴨の燻製　**6**_話し上手のオーナー夫妻に相談しながらメニューを決めていくのも楽しい

ヨーロッパの田舎町を思い起こさせる、ノスタルジックであたたかみのある店内。その日のおすすめメニューがぎっしりと書かれた店内の黒板には、見たことのないメニューが並ぶ。例えば、キアニーナ牛のフィレ肉のステーキ。キアニーナ牛はイタリア・トスカーナ地方の白牛で2500年以上前から飼育されていたとされる最高級の在来種。とても柔らかく、噛むほどに上品な甘みと旨味が口の中に広がる。日本ではなかなかお目にかかれない希少なものだ。この店では国内外問わず厳選された食材と次々に出合うことができる面白さに満ちている。オーダーはおまかせコースでもアラカルトでもOK。また、おまかせコースとは別にスペシャーレのコースもあり、こちらは、食事の内容も順番もこちらの希望をそのままコースにしてくれる。お酒好きには最後にパスタで、というわがままも快く聞いてくれる気持ちのいい店だ。

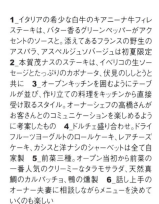

海鮮の出汁とアンチョビソースの相性が抜群の海の幸のスパゲティ

【おすすめメニュー】おまかせランチ2,500円～
おまかせディナー4,000円～、ディナースペシャーレ7,000円～

■ランチタイムの料金の目安　2,500円～　■ディナータイムの料金の目安　5,000円～

ALTA PONTE

浜松市中区葵東3-4-4
☎ 053-437-3099
ランチ11:30～14:00、ディナー 17:30～22:00
休 木曜　P 10台
HP http://www.wr-salt.com/altaponte/

【席数】テーブル席16、カウンター席2
【煙草】禁煙　【予約】ある方がベター
【CARD】不可
【アクセス】遠鉄バス「追分」より徒歩3分・東名高速浜松西ICより車で15分

素材の持ち味が光る女性好みのイタリアン

Cafe Rustico

カフェ ルスティコ

浜松市東区

1_豆乳のブラマンジェ、自家製パン、キッシュなど少しずつ盛り付けた華やかな前菜。地元の野菜もふんだんに使われている。（コースの中の一例） 2_じっくりと火入れした「鴨のロースト」は柔らかな食感と溢れる甘みが調和している。浜松産の季節の野菜を添えて（コースの中の一例） 3_野菜たっぷりのトマトソースと肉厚の鯛の相性が抜群（コースの中の一例） 4_コースにはパスタやピザ、リゾットの他、ラビオリが登場することも。「牛肉とフォアグラのラビオリ」は牛肉とフォアグラの濃厚な旨味がたっぷりと閉じ込められている（コースの中の一例） 5_高い天井にアンティーク家具、テーブル間にゆとりを持たせた広がりある空間が心地いい。建物は店舗設計を手掛ける「スタイルファクトリー」がプロデュースし、店の奥には雑貨や観葉植物を販売するショップも併設されている 6_「会話を遮ることなく食事を楽しんでもらえるよう気を配っています」と、つかず離れずの距離感を持ったサービスも好評

白壁にひかれて扉を開けると、木や緑溢れる開放感たっぷりのカフェ空間が。オーダーメイドのアンティーク家具をしつらえた落ち着いた雰囲気は会話を楽しむのにぴったりで、とりわけ女性からの支持が高い。料理はいわゆるカフェ飯かと思いきや、いい意味で期待を裏切られる本格イタリアン。地元野菜をふんだんに取り入れたひと皿は季節の彩りも鮮やかで思わず写真を撮る人も多いそう。また、〝イタリアン＝ニンニク〟というイメージがあるが、この店ではなるべく使わずに調理している。ニンニクに頼らないことで素材の良さを引き立て、各々の素材が品よくまとまり優しい味わいになるという。食べてみてなるほど、納得。「カフェ以上、レストラン未満」を意識していると言うとおり、こだわりのイタリアンをカジュアルに食せる、質・雰囲気・値段ともに優れた貴重な一店だ。

人気の「ルスティココース」は、前菜3種盛り合わせ、サラダ、選べるパスタ・ピザ・リゾット、魚と肉両方のメインとドリンクが付いて3,800円とボリュームも値段にも大満足。旬の味覚を堪能して

【おすすめメニュー】ランチ　Aコース1,600円、Bコース2,600円
ディナー　Aセット1,900円、Bセット2,600円
ランチ&ディナー ルスティココース3,800円、ビアンコース　4,500円

■ランチタイムの料金の目安　1,600円～　■ディナータイムの料金の目安　2,000円～

Cafe Rustico

浜松市東区西ヶ崎町1793
☎053-581-9034
⏰11:00～15:00(LO)、18:30～21:00(LO)
休 不定　P 13台
HP https://akr3912716980.owst.jp/

【席数】カウンター席3、テーブル席32
【煙草】全席禁煙　【予約】ある方がベター
【CARD】不可
【アクセス】遠鉄積志駅より車で5分
【備考】ランチは混み合うので予約が確実

芸術作品のように美しい鮨を五感で楽しむ

鮨《すし》　泉水《せんすい》

浜松市中区

三河の車海老は醤油ベースのタレで。シャリは収穫量が少ないと言われる大粒の岐阜のハツシモを使用

完全予約制で、メニューは夜の「つまみ、握りのお任せコース」のみ。こだわりのシャリは厳選した岐阜の米、わさびはわさび発祥の静岡有東木産のものを使用。全てのにぎりは、月花大将がネタによって味つけを変え最高のものに仕上げ、目の前の石板に出してくれる。手のひらで、素早くシャリをまとめ、軽やかな手つきで握られたお鮨は口の中に入れるとふわりとろけるような感覚でネタと絡み合う。また見た目の美しさも魅力のひとつ。例えば真鰯のにぎり。葱と生姜を叩いたものと醤油が塗られ、幾重もの切り込みが施された鰯は美しく輝いている。

日本酒も、青森の「田酒」、山形の「十四代」など全国から厳選された銘酒を常時30種類以上揃えている。グラスで半合から楽しめるので、日本酒の苦手な方もこの店でなら本当の日本酒の美味しさに出合うことができるかもしれない。

1_月花大将の手仕事に惚れ惚れする美しい真鰯の握り。コースはつまみが7品、鮨10貫と小椀　**2**_昆布〆の九州の「くえ」は塩で握ることで昆布の旨味を引き立てる　**3**_九十九里から取り寄せる大きく見事なはまぐり　**4**_日本酒のセレクションは、日本酒好きの月花大将が全国の本当に美味しい!と思ったものだけを厳選し約30種類ほど扱う。日本酒に馴染みのない人には好みをうかがいながらセレクト　**5**_檜のカウンターの落ち着いた大人の空間

【おすすめメニュー】つまみ･握りのお任せコース12,500円

■ディナータイムの料金の目安　12,500円

鮨　泉水

浜松市中区板屋町2　シティタワー浜松109-2
053-457-3535
17:30〜19:30（最終入店）※閉店22:00
休 木曜、第3水曜
P なし　HP なし

【席数】カウンター席10
【煙草】禁煙
【予約】完全予約制
【CARD】可
【アクセス】JR浜松駅より徒歩5分

熟練の職人の技で伝統の焼きと味を守る老舗うなぎ店

うなぎ藤田浜松駅前店

うなぎふじた　はままつえきまえてん

浜松市中区

備長炭で焼かれ外は香ばしく中はしっとりのうな重（山）4,620円

店内に入る前から漂ううなぎの香ばしい香り。ガラス越しには熟練の技術を身につけた職人がうなぎを焼き上げる姿が見える。「串打ち3年、裂き8年、焼き一生」という言葉があるようにこの「焼き」でうなぎの味は全く変わってくる。蒲焼、白焼き、半白焼きと色々なうなぎの楽しみ方ができるのも、老舗ならではの熟練の技を持つ職人がいるからこそ。うなぎは、地下１１５メートルから汲み上げた地下水で数日間清めて臭みを取る「活かし込み」を施された上質な物のみを使用。秘伝のタレにくぐらせ、備長炭で三度焼かれたうなぎは、外は香ばしくパリッと、中はふんわり柔らかい背から裂き蒸す関東風。鰻の旨味を際立たせる秘伝のタレは、甘味控えめで地元で長く愛され続ける「藤田」の看板。

　蒲焼以外にも、うなぎの美味しさを堪能できる「う巻き」や「きもわさ」などのサイドメニューもおすすめ。

1_白焼きはあっさりとわさび醤油で　**2**_先代からの50余年の秘伝のタレにくぐらせたうなぎを、職人が備長炭で丁寧に一本一本焼いていく　**3**_駅前店は駅から徒歩1分の立地から県外からのお客も多い。他に、浜松店、東京の白金店もある

【おすすめメニュー】うな重(川)3,520円〜、うなぎ半白焼き1,650円、う巻き1,650円

■ランチ&ディナータイムの料金の目安　3,520円〜

うなぎ藤田浜松駅前店

浜松市中区砂山町322-7ホテルソリッソ浜松2F
☎053-452-3232
🕘11:00〜14:00、17:00〜21:00
休火曜　P提携駐車場あり
HPhttp://www.unagifujita.com/

【席数】テーブル席48、個室7、座敷18、カウンター席7
【煙草】全席禁煙
【予約】ある方がベター　【CARD】可
【アクセス】JR浜松駅南口より徒歩1分

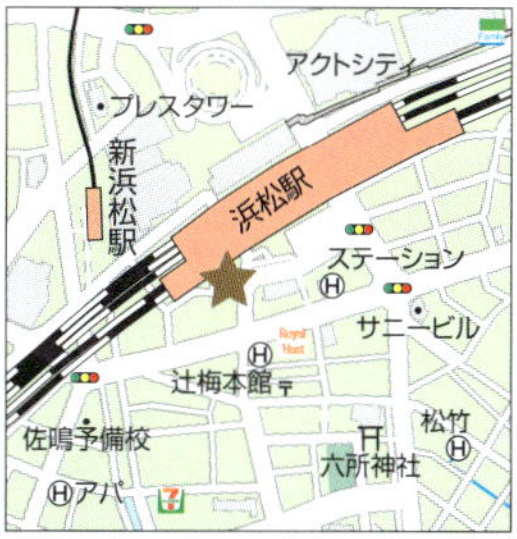

全国から集めた最高のネタを、最高のシャリで

たか鮨

たかずし

浜松市南区

1_北海道のキンキ塩焼きは脂がのっているがしつこさはなくさっぱりした旨味　2_カウンターで大人の時間を楽しみたい　3_座敷では、テーブル席にもなる席が用意されている　4_穴子はあっさりめのタレと、削りたての岩塩でいただく　5_その日の旬のネタが並ぶショーケース。この日は岡山のしゃこが入荷

「お寿司の美味しさは80％がシャリ」と言う大将。辿り着いたのは、甘みが強く粘り気の少ないコシヒカリの古米、そしてその甘みに合わせて選んだ酸味が抜群の京都の米酢だ。シャリは口の中に入れた瞬間ネタと溶け合うように、常に湯煎にかけて人肌程度の温度を保ち、最高の状態で出せるようしている。有名寿司店で15年修業し地元に店を構え9年目。カウンターには全国各地から取り寄せられたおすすめネタが毎日20種類近く並ぶ。産地と旬のものにこだわり、マグロは豊洲の本マグロのみ仕入れる。旬の旨味が凝縮された夏の穴子は柚子の皮とまろやかな岩塩で。香ばしく焙られた大き目の穴子とほど良いあたたかみを残して握られたシャリが、柚子の爽やかな香りと口の中で絶妙に溶け合う。旬の食材とプロの技で個別におもてなししてもらえるカウンターが絶対おすすめだ。

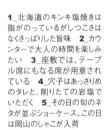

揚げ物も美味。地元福田町の甘鯛のうろこ揚げは、中はふんわりで外はカリカリ

【おすすめメニュー】ランチコース3,000円、夜のコース藤、桜、蘭、6,000円、8,000円、10,000円

■ランチタイムの料金の目安　3,000円〜　■ディナータイムの料金の目安　6,000円〜

たか鮨

浜松市南区高塚町2341-1
053-523-9271
ランチは予約のみ11:30〜14:00(LO13:30)
ディナー 17:30〜22:00(LO21:30)
休月曜　P5台
HP http://www.taka-sushi.com/

【席数】カウンター席6〜7、個室1、座敷10席(テーブル席にもなる)　【煙草】禁煙
【予約】ある方がベター　【CARD】不可
【アクセス】JR高塚駅より徒歩10分

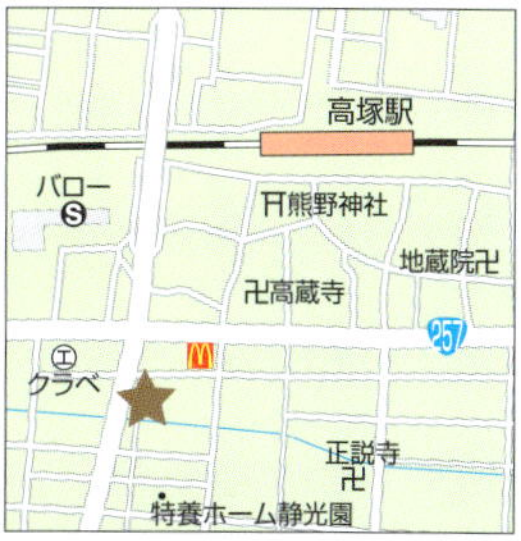

懐石から創作料理まで、旬と手作りにこだわる日本料理店

旬菜庵いつき

しゅんさいあんいつき

浜松市中区

この日は、バチマグロ、平目、カンパチ、甘海老、水蛸の刺身の盛り合わせ（1,500円/人）

２０１９年に市内上島より移転。店内は洗練された和の空間で、法事や宴会などにも対応できる広さ。蒟蒻などの食材から、調味料までオリジナルの手作りにこだわる。人気の手作り豆腐は、市販のものとは比べ物にならないなめらかさ、とろけるような食感は自家製ゴマドレッシングとよく合う。日替わりのおすすめメニューには全国各地の旬の味覚が並ぶが、中には「関西の水茄子の刺身」のような珍しいものも登場する。特におすすめなのが、コンロに乗せた溶岩の上で焼いて食べる「富士山溶岩石焼き　和牛サーロイン」。程よく霜がふられた希少な引佐の峯野牛を一枚一枚自分の好みの加減に焼けるのが嬉しい。

　コースは４種類。夏の鱧、冬のフグなど、季節の味を楽しめるコースもある。日本酒の品揃えも豊富。一本仕入で次々銘柄が変わるため、常に新しいものに出合える喜びがある。

1_秋鮭の柚庵焼き(900円)は、甘辛い味付けに柚子がほのかに香る　**2・3**_喫煙ルームがあるので、喫煙する方もしない方も安心して食事が出来る　**4**_大将の松下侑樹さん　**5**_人気の手作り豆腐サラダ(660円)　**6**_人気の富士山溶岩石焼きには、和牛サーロイン(2,500円)の他に、牛リブロース、錦爽鶏もも、豚肩ロースもある

【おすすめメニュー】いつきランチ1,280円、手作り豆腐のサラダ660円
刺身盛り合わせ1,500円、富士山溶岩石焼き 和牛サーロイン2,500円

■ランチタイムの料金の目安　1,280円～　■ディナータイムの料金の目安　5,000円～

旬菜庵いつき

浜松市中区曳馬5-1-1
☏053-415-9774
火～木曜11:30～14:00(LO13:30、土日は予約8名以上の法事、宴会のみ)　ディナー17:30～23:00　休月曜、第3日曜　P6台
HP https://hitosara.com/0006037051/food.html

【席数】テーブル席34、カウンター席6
【煙草】全席禁煙で喫煙室あり
【予約】ある方がベター【CARD】可
【アクセス】遠鉄曳馬駅より徒歩10分

完全予約制の空間で、自分だけのための鮨を楽しむ

すし懐石　いそ川

すしかいせき　いそかわ

浜松市西区

1_刺身の盛り合わせ。この日は、マグロトロ、赤貝、シマエビ、平目　**2**_とろける食感の自家製湯葉は出汁のきいた葛ジェルでいただく**3**_奥さん手作りのマンゴープリンはまるでマンゴーをほおばっているような濃厚な美味しさ　**4**_どの品も美しく上品な8,000円のコース**5**_磨かれた厨房と洗練された店内から、職人気質とセンスを感じる　**6**_磯川夫妻の笑顔とホスピタリティに溢れたサービスはアメリカ時代から二人で築き上げたもの

20年近くアメリカや都内の日本料理店で腕を振るっていた大将。完全予約制、メニューはおまかせコースのみという、知る人ぞ知る通の店。予約の際に食事の内容を相談できるので自分だけの特別メニューが味わえる。コース内容は季節で内容が変わり、美しい器に盛られた旬の懐石料理は奇をてらわずとも創作感が漂う一品一品が楽しみなフルコース。添えられる干し柿や湯葉などの小皿まで全てが手作り、お椀物は品の良い薄味で体にほっとしみる味。魚は舞阪の地のものから三河湾の貝まで、大将の長年の経験から厳選されたものを使用。

8000円からのコースでは大将がテーブル前まで移動式寿司カウンターを持ってきて会話を楽しみながら寿司を目の前で握ってくれる。「お寿司はできたてでなくては」という大将のその一貫、是非召し上がれ。

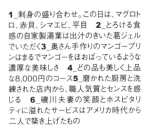

子持ち昆布、山桃のゼリー寄せ、
小茄子田楽、つぶ貝など季節に
よって変わる前菜盛り合わせ

【おすすめメニュー】おまかせランチコース5,000円～、おまかせディナーコース8,000円～

■ランチタイムの料金の目安　5,000円～　■ディナータイムの料金の目安　8,000円～

すし懐石　いそ川

浜松市西区舞阪町弁天島3589-1
053-592-0515
ランチ11:30～14:00、ディナー18:00～
休 月曜
P 5-6台　HP「ぐるなび」に掲載あり

【席数】テーブル席12、カウンター席5-6
【煙草】禁煙
【予約】完全予約制　【CARD】不可
【アクセス】JR東海弁天島駅より車5分・
浜松西ICより20分

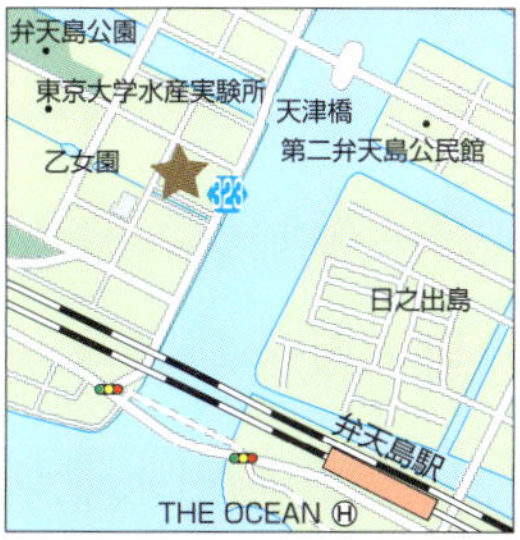

日本の食文化を伝える若きうなぎ職人の挑戦

炭焼鰻はじめ

すみやきうなぎはじめ

浜松市西区

うなぎを贅沢にまるごと一匹使った「うな重」（肝吸い付き）。秘伝のタレを付け焼かれたうなぎの表面はサクッと、中はふわっと、皮はパリッと、味だけでなく食感も楽しめる

「若い人たちが、うなぎを食べなくなったことに不安を感じました。うなぎ問屋でも働いていた経験を生かし、うなぎのおいしさを伝えていきたいです」と、店主の加茂裕章さん。8年の修行を経て、3年前、浜名湖にほど近いこの場所にお店をオープン。うなぎは浜名湖産を中心に、その時期一番よい国産のものを仕入れる。問屋で培った目利きを生かし、旨味が強く、肉厚なうなぎを厳選。鮮度を最優先に、注文を受けてから開く。蒸さずにそのまま焼くため、関西風ならではのパリッとした食感と、食欲を誘う炭の香ばしさが楽しめる。

目でも料理を楽しめるよう器には美濃焼を使用。また出来上がりを待つ時間も楽しんでもらいたいとオープンキッチンを設けた。「女性でもひとりで気軽に食べに来て欲しいですから」と笑う店主。素材へのこだわりともてなしの心で、名店の仲間入りする日も遠くない。

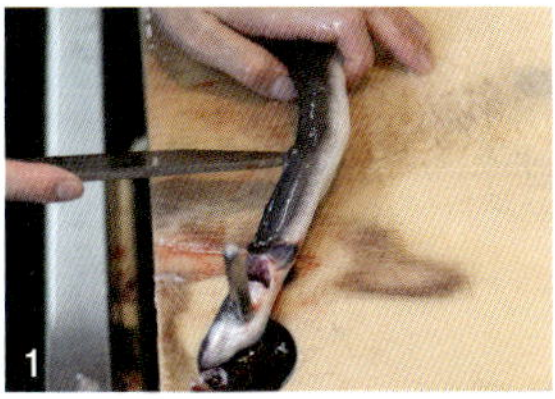

1_注文を受けてから、生きているうなぎを慣れた手つきで開いていく　2_皮の硬さや身の締まり方など、一匹一匹異なるうなぎの個性を見極め串を打っていく　3_タレと炭焼きの香ばしさが絶妙でクセになる「肝焼き」　4_2種類の樫の木の備長炭を使い、火の強さを微妙に調整しながら焼き上げていく　5･6_和モダンで落ち着いた店内。調理する姿を間近に見られるカウンター席も用意　7_朱色の壁に映える白色の暖簾の下では、泳ぐうなぎが客人を出迎える　8_うなぎをモチーフにしたてぬぐいや季節の花が目を楽しませてくれる

【おすすめメニュー】うな重3,200円、うな重セット4,600円、ひつまぶし3,700円
白焼きご飯3,500円、肝焼き650円、骨の唐揚げ400円

■ランチタイムの料金の目安　3,500円～　■ディナータイムの料金の目安　3,500円～

炭焼鰻はじめ

浜松市西区雄踏町宇布見9690
☎053-570-8075
🕒11:00～14:00、17:00～20:00
休月曜
P11台
HP http://unagi-hajime.com/

【席数】カウンター席5、テーブル席10、座敷席10
【煙草】全席禁煙　【予約】不要
【CARD】不可
【アクセス】東名高速浜松西ICより車で約20分

舞阪の海の幸を地元の家庭の味に仕上げる

食處　むらまつ

しょくどころ　むらまつ

浜松市西区

鰤や真鯛などの釜煮定食が680円とかなりリーズナブルな価格でいただける。

日本料理の板前だった父を見て育ったという、板長の村松利貞さん。地元で店を開いて今年で21年目。8畳一間にテーブル3卓が並ぶ小さな店で、接客・サービスはお母さんが担当するなど、とてもアットホーム。地元なじみの漁師から届く朝採れ鮮魚を使ったさしみ定食や釜煮定食は、舌の肥えた地元の方々にも人気。舞阪の味つけは、甘辛の濃いめが一般的だそうで、煮魚定食などはしっかり照りがあり甘めでご飯がすすむ。

お弁当も人気で、幕の内、煮魚、揚げ物弁当などはなんと500円！特におすすめなのが舞阪の海の幸、浜名湖周辺の食材を使用した特製弁当「弁天島湖紀行」（1100円。予約制）だ。舞阪産の釜揚げしらすご飯、舞阪産の青のりご飯、舞阪産黒鯛、舞阪産鯵のから揚げなど舞阪尽くし。さながら舞阪の宝箱のようだ。

1_地元の漁師から仕入れる刺身は鮮度が高く、地元の人も食べにくるほど　**2**_御膳につく塩焼きは舞阪の地魚チョウカ(ユメカサゴ)。小鉢、茶わん蒸し、ご飯、みそ汁、デザートつき　**3**_板長をお父さんより引き継ぐ息子の村松利貞さん　**4**_串フライ定食は、昼は5種、夜は8種の串がつく。小鉢、ごはん、みそ汁つき　**5**_接客やサービスはお母さんが担当。家族三人で経営するアットホームな店

【おすすめメニュー】煮魚定食ランチ680円、串フライランチ760円、うどん・そば定食735円
天麩羅膳(昼・夜)1,575円、刺し身膳(昼・夜)1,365円

■ランチタイムの料金の目安　680円～　■ディナータイムの料金の目安　1,260円～

食処　むらまつ

浜松市西区舞阪町長十新田86
☎053-592-3029
ランチ11:00～13:30(LO)
ディナー 17:00～19:30(LO)
休月曜　P4台
HPhttps://shokumura.hp.gogo.jp/pc/

【席数】テーブル席12　【煙草】禁煙
【予約】ある方がベター　【CARD】不可
【アクセス】JR弁天島駅より徒歩10分、遠鉄バス「舞阪幼稚園」下車

最高級のすっぽんと浜名湖の恵みに舌鼓を打つ

魚河岸料理　太助

うおがしりょうり　たすけ

浜松市西区

すっぽんコースは、松竹梅のコースになっていて使用されるすっぽんは一匹。すっぽん極みコースは2匹使用し24,000円。写真はコースで供されるすっぽん鍋。シンプルな味付けだが出汁が最高に美味

浜名湖を望む店内の大きな生簀には大将が毎日市場から厳選してきた活魚が泳ぐ。地下海水を使用した生簀の水は魚にストレスが少ない環境で、その場で捌かれる刺身は身がしまりぷりぷりで、刺身の盛り合わせは舌の肥えた常連にも大人気。すっぽんもうなぎも有名な老舗だが、「何屋さんですかと聞かれたら浜名湖料理店ですと答えるんです」と浜名湖愛に溢れる大将。浜名湖で獲れたものをいかにシンプルに美味しく食べてもらうかにこだわる。

浜名湖には日本で最高級のすっぽん養殖場がある。都内や京都の高級料亭にも卸される浜名湖のすっぽんは、くせがなく上品で、とにかくいい出汁が出ている。そんなすっぽんをリーズナブルに楽しめるのは、地元の老舗なればこそ。また、最近は男性だけでなく美の意識の高い女性達も美容にいいコラーゲンの固まりと言われるすっぽんを食べに通う。

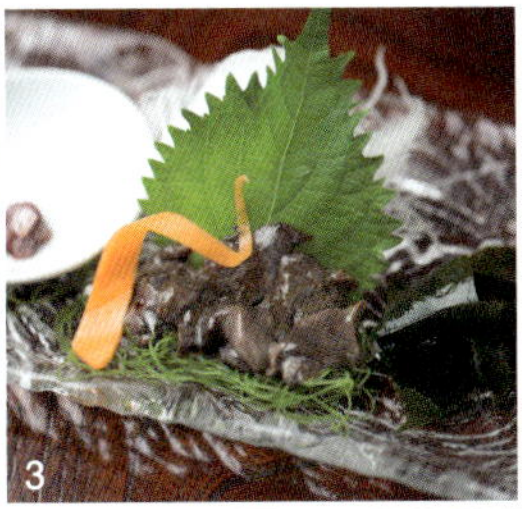

1_水深50mから汲み出される地下海水の生簀は常に清潔にされていてトラフグなど旬の活魚が泳ぐ　**2**_すっぽんコースのモモの唐揚げ。レモンを添えてあっさりといただこう　**3**_すっぽんコースのレバー刺と心臓　**4**_板長の山本秀二さん　**5**_刺身の盛り合わせ。この日は、真鯛、サザエ、マグロで3人前で5,500円。捌きたての真鯛の尾はテーブルの上でもかすかに動いており、その鮮度の高さがわかる　**6**_大きな海老が見事な活車海老天ぷら定食1,900円　**7**_1Fには浜名湖を望める座敷とカウンター、2Fは法事などの貸切にも対応

【おすすめメニュー】平日ランチ数量限定の海鮮丼1,200円、すっぽんコース1〜4名で12,000円〜
刺身の盛り合わせ1,600円/1人、うな重2,900円

■ランチタイムの料金の目安　1,200円〜　■ディナータイムの料金の目安　2,500円〜

魚河岸料理　太助

浜松市西区舞阪町弁天島3212-3
☎053-592-1919
ランチ11:30〜14:30、ディナー16:30〜22:00（LO21:00）　休水曜　P16台
HP http://www.yamamototei.com/

【席数】テーブル席24、カウンター席11、個室2、座敷〜50名まで対応
【煙草】禁煙【予約】ある方がベター【CARD】可
【アクセス】JR弁天島駅より5分、無料送迎バスあり（10名より）

寿司を知り尽くした主人が握る本物の江戸前寿司

おんすしところ　ほうらい

おんすしところ　ほうらい

掛川市

東京湾や瀬戸内、松島産など、その時々で最良の穴子を使用。笹の葉でさっと炙った穴子は口の中ですうっととろけてしまう柔らかさ。穴子本来の甘みを引き立てる塩と、ほんのり甘いツメを塗った握りの2種類を食べ比べて

最大の魅力は、口の中でほろほろとほどける温かなシャリと、丁寧な仕込みを施した多彩なネタとの見事なバランス。口に入れた瞬間に魚の旨さが広がり、ネタとシャリが合わさってより美味しくなる。この感動と余韻をかみしめながら、次はどんな魚に出合えるのかとさらに期待が膨らむ。納得のいく素材が入らない日は予約を断ってしまうというほど魚にこだわり、お客が手で食べるか箸で食べるかにより握り方まで微妙に変える。そう聞けば、敷居が高いと感じるかもしれないが、店主の森島茂さんは実に気さく。食べ慣れている人は寿司談議に花を咲かせ、慣れていない人には食べ方やマナーを教えてくれるなど気軽な雰囲気で味わうことができる。「信頼してくれれば最高のものを握ります」と森島さん。大将に任せてカウンターに座れば間違いないものが出てくること請け合いだ。

5

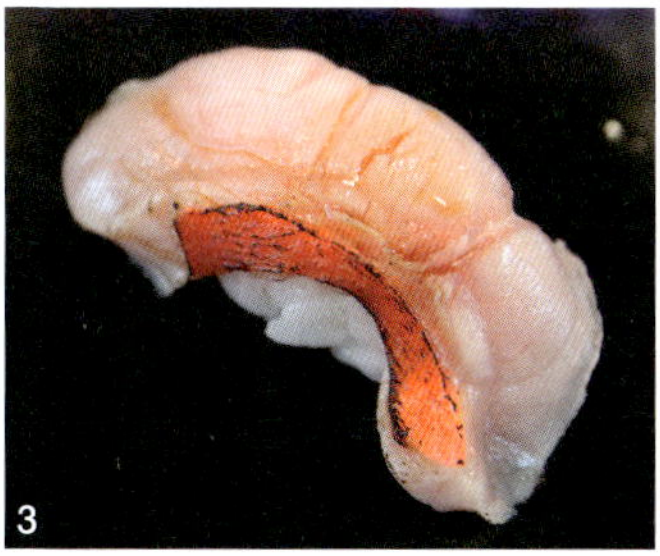
3

1

6

4

2

7

1・2_御前崎であがったばかりのさわら、絶妙な塩・酢加減のしめさば、客と話をしている間に頃合いを見てさっと漬けるマグロのづけなど、息つく間もなくやってくる美味のオンパレード。最高の状態の寿司を客のペースに合わせたタイミングで供するため、出されたらすぐに食して　**3**_上品な甘みと脂がたまらない金目鯛の炙りやぷりぷりのシャコなど、丁寧な仕込みが光る。たとえ苦手な素材でも「こんなに美味しかったのか!」と新たな発見があるはず　**4**_最高級とされる伊豆産の「真妻わさび」。上品な香りと甘みが寿司の味をさらに引き立てる　**5・6**_そのまま刺身で食べられるほど新鮮な魚介がたっぷり、魚介の出汁がふんわり漂う豪華な茶わん蒸し　**7**_掛川で寿司といえばここと言うほど、地元はもとより県外からも訪れる人の多い名店。「寿司をほおばって笑顔になるお客さんの顔を見るのが何より嬉しい」と真摯に向き合う大将。熟練の技と流れるような所作に思わず見とれてしまう。これぞ江戸前寿司の真髄!

【おすすめメニュー】ランチ 3000円〜おまかせ
ディナー 10000円〜おまかせ
ランチ・ディナー共通、あん肝、タラの白子(時価)

■ランチタイムの料金の目安　3,000円〜　■ディナータイムの料金の目安　10,000円〜

おんすしところ　ほうらい

掛川市下俣南1-20-5
☎0537-23-6039
11:30〜13:00、17:30〜21:00
休月曜　P5台
HPなし

【席数】11席
【煙草】全席禁煙
【予約】ある方がベター
【CARD】不可
【アクセス】JR掛川駅南口より徒歩10分

蕎麦を〆にゆったりと食事を楽しめる蕎麦居酒屋

楓庵

かえであん

浜松市北区

1_かつお出汁がよくきいた出汁巻き卵（600円）　**2**_板長の高橋祐樹さん　**3**_お座敷の個室は子どももOK　**4**_ランチは日曜のみ。店内は全席禁煙　**5**_打ち立ての蕎麦を湯がいた蕎麦の刺身（600円）。写真の蕎麦味噌付は800円。蕎麦の実を揚げ、赤味噌、信州味噌などで練り合わせた味噌はくせになる美味しさ**6**_蕎麦居酒屋とあり、蕎麦焼酎、蕎麦前酒、大雪渓、ウイスキー、ワインまで豊富な品揃え

蕎麦を打つ姿が大通りからガラス越しに見える「楓庵」。蕎麦の黄金比率といわれる二八蕎麦に茨城県産人気のブランド「常陸秋そば粉」を使って丁寧に打った王道の蕎麦が美味しくないはずがない。「蕎麦屋というと食べてすぐ帰るようなイメージがあるが、もっと家族や友人と楽しい時間を過ごしてほしい」と板長の高橋さん。蕎麦の刺身などの単品料理から鮮魚の刺身や揚げ物のつく蕎麦コースまで実にメニューが豊富。もちろんその王道の蕎麦を味わいにくるお客も多い。

人気の「鴨汁つけそば」は、せいろを鴨の出汁がたっぷり入った濃厚なつけ汁でいただく。平らでコシのある少し細めの蕎麦に、コクがありながらさっぱりした後味のつけ汁が良く絡み、相性抜群。旨味を閉じ込めるべく低温でじっくり焼いた合鴨もしっとりとしたやわらかさで美味だ。

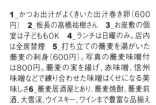

一番人気の鴨汁つけそば(1,400円)。濃い目の汁は最後は蕎麦湯で

【おすすめメニュー】蕎麦と丼のセット1,200円、刺身の盛り合わせ(1人前)1,200円～
もりそば700円、蕎麦の味噌500円

■ランチタイムの料金の目安　1,200円～　■ディナータイムの料金の目安　2,500円～

楓庵

浜松市北区初生町792-16
053-401-0508
平日・祝日・祝前日18:00～翌2:00(火曜～翌0:00)日曜11:30～14:00、17:30～21:00
休水曜　Pなし
HP http://kaedeanhamamatsu.owst.jp

【席数】テーブル席29、個室あり
【予約】ある方がベター
【CARD】可
【アクセス】姫街道沿いラフレ初生から北へ500m

浜名湖や遠州灘の恵みを握る女性寿司職人

末広鮨

すえひろすし

浜松市中区

普段のランチ寿司に、天ぷら、サラダ、汁もの、スイーツがセットになった「ランチプラス」2,500円（要予約）。生ハムの握りやアボカドサラダなど、女性目線のメニューがうれしい

「寿司職人は、お客さまに育てられますから」と話すのは、三代目である知佐子さん。異業種で働いていたものの、25年ほど前に家業を継ぐことを決めた。寿司職人としては遅いスタートだったが、先代の指導と持ち前の人柄、お客さまとの縁にも恵まれ、老舗の味と技を学び、修行を経て三代目となった。漁師との交流も深く、ネタは舞阪漁港や雄踏港市場から届く、浜名湖や遠州灘の新鮮な魚介類。地元自慢、香り豊かな浜名湖のりにこだわった海苔巻きも人気の一品だ。

季節ごとに食器や花などを替えたり、ワインとともに食す女子会を企画したり、女性ならではの細やかなもてなしの心が気持ちいい。知佐子さんが店に立って女性客が7割を占めるようになったというのも頷ける。本格派でありながら、敷居の高さを感じさせない。この店があって本当によかったと思える。

1_皮を引かずに湯霜づくりにしたさっぱり味の真鯛の握り　**2**_食事や会話をゆっくり楽しんで欲しいと、高さを抑えた変形のカウンター席　**3**_二代目の父と三代目の娘が一緒にカウンターに立つことも。アットホームな雰囲気で、通いやすいのが同店の魅力　**4**_クリスマスに人気の寿しケーキ！ これなら子どもも喜びそうだ　**5**_焼津の銘酒「磯自慢」など、お造りに合う日本酒や焼酎をどうぞ　**6**_遠州灘産のアカスエビ握り寿し**7**_浜名湖に初夏を告げる酢締めした新子（シンコ）の握り。江戸前寿司の華ともいわれ、職人の高い技量が伺える

【おすすめメニュー】 ランチセット550円、握り（上）1,600円、握り（板前おまかせ）汁付き2,800円
巻き寿し（鉄火）1本350円、お造り3種1,500円、焼きもの（本日のひと品）660～990円
揚げもの（旬の盛り合わせ）1,300円　冬期に人気のふぐのひれ酒700円

■ランチタイムの料金の目安　550円～　■ディナータイムの料金の目安　6,000円～

末広鮨

浜松市中区砂山町360-6
☎053-452-6288
営1階11:30～13:30、17:00～21:30（LO21:00）、2階個室11:30～21:30
休水曜、第2火曜　Pなし
HPhttps://www.suehiro-sushi.jp/

【席数】カウンター席8、テーブル席12、2階席23（10名～）
【煙草】1階全席禁煙　2階全席喫煙可
【予約】ある方がベター【CARD】可（1名5,500円～）
【アクセス】JR浜松駅より徒歩2分

兄弟で先代の味を守り続けるうなぎ専門店

鰻処　うな正

うなぎどころ　うなまさ

浜松市北区

先代から受け継いだタレは甘過ぎず、うなぎの旨味が引き立つ

先代から受け継ぎ、兄弟で経営するうなぎ一筋の店。一番のこだわりは、幻のうなぎと言われる大井川の「共水うなぎ」。「共水うなぎ」は生産量が少なく全国でも取り扱いのある店はたったの40軒ほど。天然に近い環境で育てる為、育成期間は一般のうなぎの2～5倍かける。店主の伊藤さんによると以前は天然うなぎも使用していたがうなぎの資源を保護するために自粛し、天然うなぎに限りなく近く、そのおいしさと品質に惚れ込んだ共水うなぎ100%のメニューに変えた。育成期間や身質によっても、蒸し時間を調整しながら一尾一尾と向き合うことが専門店ならではの仕事。いかに共水うなぎを美味しく食べてもらえるか、と伊藤さんたち兄弟は追求に余念がない。人気のヒレ巻は、普通なら捨ててしまうあばらのあたりの身の中落ちをヒレで巻きパリッと焼いたもの。うな重を待つ間のお酒のあてとして最高。

1_人気の自家製ぬか漬け盛り合わせは上うな重の付け合わせ　**2**_共水うなぎのヒレ巻（1,200円）は一皿で30尾の鰻の中落ちを使用する　**3**_共水うなぎ肝焼（845円）の苦味にタレがよく合う　**4**_白焼（4,400円）は、わさび発祥の静岡有東木産のわさび、塩、大根おろしなどと一緒に　**5**_座敷もあるので子連れのファミリーも多い　**6**_先代の味を守り続ける伊藤さん兄弟

【おすすめメニュー】上うな重4,500円、共水うなぎ白焼4,400円、白焼きハーフ2,300円
自家製ぬか漬け盛り合わせ900円〜、ひれ巻1,200円

■ランチタイムの料金の目安　3,600円〜　■ディナータイムの料金の目安　3,600円〜

鰻処　うな正

浜松市北区三方原町467-4
☎053-437-3451
🕒11:00〜14:30（LO）、17:00〜19:30（LO）共水うなぎ完売次第終了　休火曜夜・水曜　P15台
HPhttps://www.unamasa.jp

【席数】テーブル席8、個室2（8〜16名）
【煙草】全席禁煙
【予約】ある方がベター　【CARD】可
【アクセス】東名高速浜松西IC、三方原スマートICより車で10分

魚屋を営む割烹居酒屋で、遠州の滋味を食す

割烹《かっぽう》 紅葉《もみじ》

湖西市

内海である浜名湖のタコは外海のものと比べて味がしっかりしていると食通の間で好評。舞阪港で水揚げされたカツオにマグロ、浜名湖産のヒラメがのった刺身盛り合わせ

新居の関所にほど近く、地元の人をはじめ、県外からも訪れる人が多い割烹居酒屋。店主である竹内さんは、店の2軒隣で先代から続く魚屋「紅葉屋」も経営。舞阪港や新居港で水揚げされた浜名湖や遠州灘の魚介類をメインに扱い、そのなかでも一番いいものをお店で提供しているというから、新鮮で、おいしい食材には自信がある。

「割烹というと高級店のイメージがあるかもしれませんが、もともとはお店にある食材で、お客さまの食べたい味で料理を提供するという意味があります」と竹内さん。メニューはあるけれど、「今日はなにがおすすめ？」「キンキの煮付けを塩焼きに変えられる？」「ウニを天ぷらにして欲しい」といったオーダーにも喜んで対応する。新鮮な旬の食材や、いつもとはちがう新しい食べ方に出合えそうで、通うほどお店にはまってしまうというのも納得がいく。

1_リンゴチップで燻した香りがほのかに広がり、遠州灘で水揚げされたしらすの食感とタカノツメの辛さが絶妙なしらす燻のブルスケッタ(650円)　**2**_魚屋にある生簀には、仕入れたばかりの新鮮な魚介が　**3**_ゆったりくつろげる店内　**4**_燻製にしたしらすやタコ、あさりなどを使ったオリーブ漬けは、サラダやパスタにぴったり。ネットでも購入できる　**5**_常滑の地酒「からから」や、豊田市の「一念不動」は熱燗に。店主こだわりの銘酒がずらり　**6**_ホタテやエビなど、6種類の魚介が入った茶碗蒸し(350円)。女将さんおすすめの一品

【おすすめメニュー】刺身(マグロ中トロ)1,200円、キンキ煮付け1,600円
煮穴子800円、三ヶ日和牛ランプステーキ2,300円
魚介の燻製アヒージョ1,400円、日本酒飲みくらべ5種1,000円

■ランチタイムの料金の目安　1,500円～　■ディナータイムの料金の目安　3,500円～

割烹 紅葉

湖西市新居町新居1271
053-594-8522
昼は完全予約制、17:30～22:30
休月曜　P5台
HP http://momiji.ikidane.com

【席数】カウンター席5　座敷席24
【煙草】全席喫煙可
【予約】ある方がベター
【CARD】可(VISA・マスター)
【アクセス】JR新居町駅より徒歩で約10分

魚介の品質にこだわった浜名湖の魚河岸料理

弁天島　山本亭

べんてんじま　やまもとてい

浜松市西区

1_ちょっと濃いめに甘辛く味付けしたチョウカ(ユメカサゴ)の煮付け。上質な白身に日本酒が進む　**2**_浜名湖で水揚げされた車エビはシンプルに塩焼きにして、殻ごとパクリ。カリッとした食感と肉厚な身がクセになる　**3**_お店の前にある大きな生簀には、マダイやアジ、カレイにヒラメ、ふぐなどが泳ぎ、客の目を楽しませている　**4**_店主の山本幸介さん。「京都吉兆」で修行し、料理の技ともてなしの心を学んだ　**5**_地下水を汲み上げ、自然な状態で魚や貝を管理している　**6**_料理人の仕事を見ながら食事をいただけるカウンター席も用意

昭和50年創業。浜名湖に浮かぶ弁天島で、浜名湖や遠州灘などから揚がった魚介類を味わえる。雄踏港市場や舞阪漁港、浜松中央卸売市場へ、板長はじめスタッフ全員が毎日訪問し、買い付けている。仕入れた魚介はストレスによって歯ごたえがなくならないよう、すぐにお店の生簀へ。水深50メートルから地下水を汲み上げ、自然に近い環境の生簀で一昼夜寝かし、最高の状態に戻してから提供するというこだわりには頭が下がる。

「汽水湖の浜名湖は、様々な魚介類が生息する恵まれた湖。エビは甘みがありますし、他の魚介もよそと比べて旨味が強い気がします。素材の味を大切に、必要以上に手を加えないようにしています」とは板長の山本さん。秋から年末にかけては魚種が増える浜名湖。季節ごとに変わる、ここでしか味わえない滋味あふれる一品を堪能して欲しい。

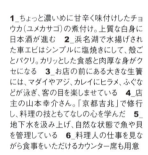

甘みのあるヒラメに、コリコリとした食感が美味のヒラメのエンガワをはじめ、サザエやタコ、車エビなど、浜名湖や遠州灘の味覚を堪能。刺し身盛り合わせ（3人前）5,000円～

【おすすめメニュー】 車エビ塩焼き1,100円、活車エビ天ぷら定食1,900円、うな重 肝吸い付き2,900円
すっぽん料理 梅コース（レバー、モモ肉から揚げ、スープ、雑炊付き）12,000円、
刺し身盛り合わせ1,600円～、刺し身定食（お刺身多め、茶碗蒸し、フルーツ付き）2,400円
カキカバ丼（みそ汁付き）1,400円

■ランチタイムの料金の目安　1,500円～3,000円　■ディナータイムの料金の目安　3,000円～5,000円

弁天島　山本亭

浜松市西区舞阪町弁天島3221-10
☎053-592-2485
🕒11:30～14:30、16:30～22:00（LO21:00）
※土、日、祝日は終日営業
休木曜　P16台
HPhttp://www.yamamototei.com

【席数】カウンター席5、テーブル席20、2階座敷席40ほど　【煙草】全席禁煙
【予約】ある方がベター　【CARD】可
【アクセス】東名高速浜松西ICより車で約20分

生産者の思いを胸に、良質な地元食材を握る

寿し半 藍路

すしはん　あいろ

浜松市東区

1_コノシロの幼魚である新子の握り。わずか数cmの新子を開いて寿司にして味わう、この時期だけの旬の味　**2**_しっかりと煮込まれ、舌の上でほろほろと崩れていく穴子　**3**_40年かけて濾過された白糸の滝の水で育った虹鱒を濃厚な胡麻味噌と合わせた柚庵焼きでいただく　**4**_料理人と生産者が集まり勉強する「浜松三ツ星会」の元会長でもある髙林秀幸さん　**5**_ゆるやかに仕切られたテーブル席も用意　**6・7**_ほの暗いエントランスを抜けると、8mもある無節の木曽桧のカウンターや杉板に漆をかけた板場が現れる空間演出も見事

桧でできた無垢の扉を開けると、森をイメージした細長いエントランスが現れる。背筋が伸び、心地よい緊張感に包まれる。その先には舞台のようなカウンターがあり、カッシーナの名作キャブチェアに座ると、これから出合う料理に期待がふくらまずにはいられない。寿司のネタは地元浜名湖産のものを中心に、遠州灘や駿河湾などで揚がった旬の魚介類が並ぶ。初夏の到来を告げる新子の握りにしても、わずかな期間しか食べることができない。季節ごとに変わる食材が、この土地がいかに恵まれた場所なのかを教えてくれる。

「僕が大切にしているのは、生産者さんに会い、その思いを聞くということ。丹精込めて作られた産物は、本当においしい。生産者と料理人、互いの思いを知ることが地産地消にとって大事なんです」と店主の髙林さん。その思いを受け継ぎ、美食を味わいたい。

舞阪で水揚げされたヒラメはこりこりとした弾力が美味。口の中で溶ける肉厚なマグロ、歯ごたえある虹鱒などが並んだ特上握り八貫。美濃焼の老舗、暁山窯の器が料理を引き立てる

【おすすめメニュー】上寿し御膳（8貫）2,000円、特上寿し御膳（8貫）3,800円
※全て季節の前菜、あんかけ茶碗蒸し、赤出汁、デザート付き
虹鱒柚庵焼き1,200円、浜名湖産特選うなぎ3,200円
お造り盛り合わせ（1人前）2,000円、海老と蟹のサラダ1,400円

■ランチタイムの料金の目安　2,000円～　■ディナータイムの料金の目安　2,000円～

寿し半 藍路

浜松市東区半田町1720
☎ 053-433-1421
営 水曜～金曜11:00~14:00
土曜・日曜11:00~14:00、18:00～21:00
休 月曜・火曜※祝日は営業
P 30台　HP http://www.sushihan.jp/airo/

【席数】カウンター席5、テーブル席12、座敷席28
【煙草】全席禁煙
【予約】ある方がベター　【CARD】不可
【アクセス】東名高速三方原スマートICより車で約4分

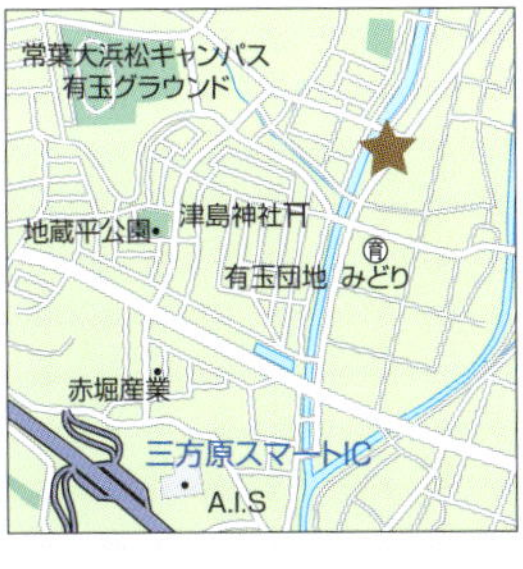

日本の原風景のような山村に佇む古民家の蕎麦屋

蕎麦道楽　百古里庵

そばどうらく　すがりあん

浜松市天竜区

紫蘇、ミョウガ、海苔、大根おろし、川海老とおかひじきのかき揚げなどがたっぷりのった冷やしおろし(夏季限定)

北遠の山里・百古里（すがり）地区にある緑に囲まれた築130年余りの古民家。土間から店内に入り、囲炉裏のある畳の間に座ると縁側からなんとも美しい山々の四季を望める。「田舎の親戚の家にきたような感じで寛いでください」と女将。全国の蕎麦を食べ歩いた「百古里庵」の大将が行き着いたのは力強い食感の十割蕎麦。国産の蕎麦の実を殻も甘皮も全て石臼で挽いたそば粉で打ち、薪釜の強い火力で茹で上げる。なんといっても驚くのがその太さ。しっかり噛んでいただくと噛むごとに蕎麦の甘みと香りが感じられて心地よい。

山間の四季を感じられるお品書きは、春は地元で獲れる新鮮な山菜をたっぷり使った山菜の天ぷら、夏には紫蘇ミョウガがたっぷりのったおろし、秋に出される栗の天ぷらも山の恵み、冬には人気の鴨せいろで温まりと、この土地ならではの豊かさ。甘味は全て女将の手作りだ。

1_このコシのある太い蕎麦に初めはびっくりするお客さんもいるが、一番リピーターが多い人気の鴨せいろ　2_百古里に移住して蕎麦屋、幻のトンネルを活用した天然ワインセラーなどを経営する山本夫妻　3_店の隣の田んぼから収穫した無農薬の赤米と自家製ふきみそが香ばしい焼きおにぎり　5_竹炭で真っ黒のアイスクリーム「腹黒」と、食べてからのお楽しみのネーミングの「初恋の味」。豆腐白玉、落花生、蕎麦がき団子、よもぎもちが贅沢に入ったお汁粉は甘さ控えめで優しい味　5_毎月18日は、百古里の特産品や手作り品の店がならぶ「百古里十八市(すがりおはこいち)」を開催

【おすすめメニュー】鴨せいろ1,700円、冷やしおろし1,600円(夏)、栗の天麩羅850円(秋)
山菜の彩り膳1,200円(春)、鴨鍋4,500円二人～(冬)

■ランチタイムの料金の目安　1,500円～

蕎麦道楽　百古里庵

浜松市天竜区横川160
☎053-924-0088
3～12月:平日11:00～15:00・土日祝11:00～17:00(LO16:00)、1～2月11:00～15:00
休木曜、1月～2月:火・水・木曜(18日の蕎麦の日は営業)　P30台
HP https://sugarian.com/

【席数】テーブル席8・座敷席24・掘りごたつ席16
【煙草】禁煙　【予約】不要　【CARD】可
【アクセス】新東名高速浜松浜北ICより20分

ひとりでも気軽に来られる、町の和食屋さん

味匠 いづみち 天邦

あじしょう いづみち てんくに

浜松市浜北区

1_遠州灘で水揚げされたしらすを釜揚げにして、天然タイ、イカ、マグロ、イクラなどが華やかな海鮮丼（1,430円） **2**_2018年6月にリニューアルした店内は清潔感があり、明るい。座敷席は掘りごたつなので、ゆっくり食事をいただける **3**_きり絵や骨董品など、店主のコレクションが目を楽しませてくれる **4**_天種のうまみがぎっしりと詰まった天かすをおすそ分け。うどんやそばのほか、みそ汁に入れても美味しいとか **5**_やさしい口調で話す店主の泉地邦太郎さん。磐田市にある「味匠　天宏」で8年修行したのち独立。この道34年の職人

地元遠州地方をはじめとした旬の野菜、浜名湖や遠州灘などで水揚げされた新鮮な魚介類を使った天ぷらや刺身が人気の和食店。料理の要となる出汁は昆布とかつお節をベースに、化学調味料は一切使わず、より自然な味付けを心掛けているという。天ぷらの衣はサクサクッと軽く、素材の味や風味を楽しむことができる。天ぷらに使う塩は、熟練の塩職人が伝統製法を守り作ったフランス産のセル・マラン・ド・ゲランドを使用。

春にはフキノトウやタラの芽、竹の子、芽キャベツ。夏ならナスやカボチャ、シシトウ。秋はキノコにイモなどの天ぷら。丼からはみ出しそうな穴子の天丼や、桜えびのかき揚げ丼など、季節ごとに変わるメニューが再訪する楽しみを与えてくれる。「あれこれたくさん食べたい人には、選べるミニ丼セットを用意しました」と笑う店主の計らいも嬉しい。

通常の天ぷら定食（梅）にズッキーニなどの夏野菜、帆立の貝柱の大葉巻きを加えた9種類ほどが並ぶ。皿からあふれんばかりのランチ限定メニュー、天ぷらたっぷり定食（1,430円）。平日は200円引き

【おすすめメニュー】 おすすめランチ1,430円、白身魚とエビフライの定食1,430円
お刺身定食（天ぷら付き）2,090円、ミニ丼セットメニュー（2品）1,760円
ミニ丼セットメニュー（3品）2,090円、穴子天丼1,210円

■ランチタイムの料金の目安　1,500円〜　■ディナータイムの料金の目安　1,500円〜

味匠 いづみち 天邦

浜松市浜北区内野1289
☎053-585-5023
🕒11:00〜14:30、17:00〜21:00
休第3月・火曜　P8台
HPなし

【席数】カウンター席4、テーブル席26
【煙草】全席禁煙
【予約】ある方がベター【CARD】不可
【アクセス】東名高速三方原スマートICより車で約10分

和の心と食文化、地素材を大切にする伝統の味

和食処なかや

わしょくどころ なかや

磐田市

1_静岡県内の旬の美味しさがぎゅっと詰まったお弁当、食の都たまて箱（1,500円）。花おくらのおひたしや無花果の生春巻きなど繊細な手仕事からなる料理が、少しずつ彩りよく並ぶ。5名より5日前までの要予約　**2**_田園風景の中にあるアットホームな雰囲気も人気の秘密。座敷は4名以上で予約を　**3**_夏を彩る鱧を使った鱧の源平寿司。湯引きしあぶって梅を添えた鱧と、照り焼きにした鱧の2つの味が楽しめる。丸ごと1匹土鍋で炊き上げる香り豊かな鯛飯はお祝いの席に人気。どちらも時価　**4**_甘辛い味噌がサクサクのとんかつによく合う人気の味噌かつ定食（1,100円）。気軽に楽しめる定食も豊富に揃っている　**5**_三代目の若大将として腕を振るう深田浩介さん

磐田市の北端に構える70年続く老舗。気軽な定食から一品料理、彩り豊かな本格会席コースまで、どれを選んでも食べる人を魅了する和食を提供している。三代目の深田浩介さんが最も大事にしているのは、旬のものを使った日本の伝統的な食文化を伝えること。舞阪のカツオや鱧、豊岡の海老芋など地元の魚介や野菜を自ら選び、ふんだんに盛り込むことで四季の移ろいを表現。山海の幸に恵まれたこの地ならではの食材へのこだわりは「静岡県ふじのくに食の都づくり仕事人」に認定されているほどで、常に素材と対話しながら包丁を握っている。休日になると地域の小中高校で食育の講演をしたり、神社へお節句料理を奉納したりするなどの活動もしているそう。「子どもたちに教えられることも多く、日々勉強です」と笑う深田さんの、和への想い溢れる料理をぜひ味わってみて。

先付、八寸、お造り、焼肴、炊き合わせ、季節の一品など一つひとつ丁寧に作られた和の食ご膳(2,500円)。地元素材を活かす味付けや華やかな盛りにも定評があり、京都の料亭で修行した伝統の技が冴える。要予約

【おすすめメニュー】ランチ 定食各種1,000円～、丼各種760円～
ディナー 大将おすすめ一品料理各種
ランチ&ディナー うな重2,100円～、季節の会席コース3,500円～(要予約)

■ランチタイムの料金の目安　1,000円～　■ディナータイムの料金の目安　2,000円～

和食処なかや

磐田市上野部1649-1
0539-62-2061
11:30～13:30(LO)、17:30～21:00(LO)
休 火曜、毎月最終水曜　P 15台
HP https://www.toyooka-nakaya.com/

【席数】カウンター席5、テーブル席16、座敷席30
【煙草】全席禁煙　【予約】ある方がベター
【CARD】不可
【アクセス】天竜浜名湖鉄道豊岡駅より徒歩7分
【備考】ペイペイの支払いは可能

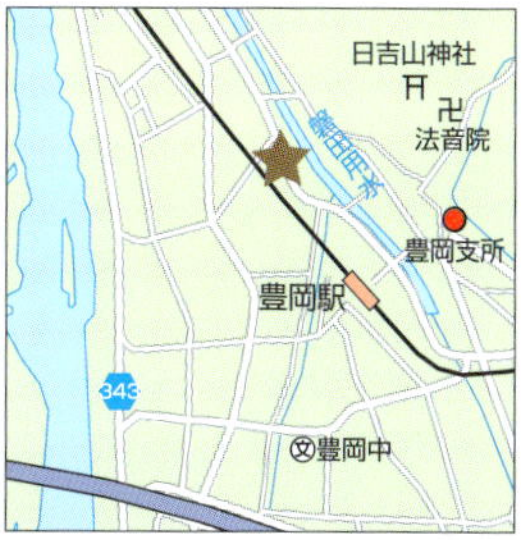

和牛の柔らかな肉質と甘みをかみしめて

しゃぶしゃぶ　たわら屋

しゃぶしゃぶ　たわらや

菊川市

名物　ローストビーフひつまぶし御膳（2,980円）は、3〜4日かけて仕込むこだわりのローストビーフのひと味違った食べ方を提案。じっくりと煮だした香り高い牛骨スープとの相性も良く、最後はお茶漬けでさらっと。1日20食限定

肉を熟知した職人が選び抜いた和牛を提供する専門店。人気の高いしゃぶしゃぶやすき焼きを堪能するのもいいが、試してほしいのがローストビーフだ。最高ランクのA5の霜降り黒毛和牛を使い、下味をつけ低温で時間をかけてじっくりとローストして肉汁を閉じ込めることで凝縮した肉の旨味と上品な甘さを引き出す。芳醇かつ濃厚な味わいと柔らかな口どけは、「ステーキよりも旨い」と言わしめるほど。このハイレベルな味わいを賞味するなら、おすすめなのが。「ローストビーフ丼」、しょうゆベースの和風ダレの絶妙な甘さがご飯によく合うと評判。食いしん坊なら一風変わった「名物ローストビーフひつまぶし御膳」も必食。1杯目はそのまま肉の旨味をかみしめ、2杯目は薬味とワサビでさっぱりと。3杯目は秘伝の牛骨スープをかけてお茶漬け風にと変化を楽しめるのも嬉しい。

1_丁寧にローストすることで牛タンの旨味と柔らかさを最大限に引き出した塩ダレ牛タンランチ。牛タンとネギがたっぷりのって見るからに贅沢。昼は1,680円、夜と土日祝は1,980円　**2**_掘りごたつのある座敷は大人数にも対応。しゃぶしゃぶ、すき焼き、ハンバーグやとんかつなど肉料理に加え、懐石など和食も揃う　**3**_冷めてもおいしいと好評の黒毛和牛すき焼きせいろ御膳（1,100円）。すき焼きの割り下で味付けをした甘めの味つけにご飯が進む。見た目ほどタレの濃さはなく、あっさりと食べられる　**4**_中庭を眺められる明るく開放感のあるテーブル席。モダンな和の雰囲気が寛ぎを誘う

【おすすめメニュー】黒毛和牛すき焼きせいろ御膳1,100円（ランチのみ）
ローストビーフ丼1,680円（ランチ）1,980円（ディナー）
ローストビーフひつまぶし2,980円、しゃぶしゃぶ5,000円〜、すき焼き5,500円〜

■ランチタイムの料金の目安　1,100円〜　■ディナータイムの料金の目安　2,000円〜

しゃぶしゃぶ たわら屋

菊川市加茂5270
☎0537-37-0535
🕒11:30〜14:00、17:30〜22:00
休火曜　P20台
HP https://r.gnavi.co.jp/n180200/

【席数】テーブル席24、座敷席40
【煙草】一部喫煙可
【予約】ある方がベター
【CARD】可
【アクセス】JR菊川駅より車で5分

積み重なった手仕事がとろろの旨さを引き出す

雅楽之助 ま寿ま寿 総本店

うたのすけ ますます そうほんてん

浜松市南区

栄養満点のとろろはもちろん、天ぷらにお刺身、茶碗蒸しなど、彩り華やかな小鉢が盛りだくさんの彩りとろろ定食（ランチ限定15食1,100円）

名物のとろろは、クセのなさに加えて昼夜の寒暖差による甘みが特徴の青森県産長芋と、粘り気の強い国内産大和芋をブレンド。ふわふわで、とろっとしたとろに合わせるのは、カツオ、ムロアジ、サバ、ウルメイワシの4種類の削り節と利尻昆布を時間をかけてゆっくり引き出し、隠し味に味噌をブレンドした特製だし。食物繊維が豊富で、美容健康に効果的といわれるもち麦の麦飯にかけてひと口、思わず笑顔があふれてしまう。

うどんは2日間じっくり寝かすことで旨味が増した熟成麺。そばは北海道と長野のそば粉をブレンドし、奥浜名湖にある奥山地方の天然水で仕込む。瓶で2週間寝かして、まろやかな味になったかえし醤油に特製だしを合わせたそばつゆも絶品。派手さはないけれど、そんな一つひとつの手仕事が地元で長く愛され続ける理由なのかもしれない。

1_青森県産長芋は、状態を確認しながら1本1本丁寧に手洗いする　**2**_そばも自家製。毎朝打ったそばを、その日のうちに使う　**3**_食物繊維たっぷりのとろろと刺身は相性抜群。栄養バランスがとれた刺身とろろ定食（1,380円）　**4**_香り豊かな四万十みょうがをたっぷり使ったさっぱり味の冷やしみょうがなすそば（880円）は夏限定メニュー　**5・6**_古民家のような落ち着いた和の空間は個室が多く、ゆっくり食事を楽しむことができる。さりげない調度品もおしゃれ　**7**_30年来、継ぎ足してきた秘伝のかえし醤油

【おすすめメニュー】小町膳790円、すし御膳1,380円、釜めし御膳1,580円
ざるそば定食880円、彩りとろろ定食1,480円、天ぷらとろろ定食1,380円

■ランチタイムの料金の目安　790円～　■ディナータイムの料金の目安　1,500円～

雅楽之助 ま寿ま寿 総本店

浜松市南区若林町317-2
☎053-523-6030
🕒11:00～15:00、17:00～22:00
休月曜定休 ※月曜が祝日の場合は翌火曜休み
P22台　HP http://shiratubaki.hanjomo-site.jp/masumasu.html

【席数】カウンター席6、テーブル席26、座敷席48
【煙草】全席禁煙
【予約】不要　【CARD】可
【アクセス】JR浜松駅より車で約10分

江戸前と関西、2つの伝統を継承する

沖之寿司

おきのずし

磐田市

江戸前の細工寿司と関西の箱寿司を桶に盛り込んだ「細工寿司の盛り合わせ」。イカに飾り包丁を施して鯉を表現したにぎりや、サーモンやマグロなどをあしらいモザイク型にした箱寿司（5人前からの祝い寿司の中に盛り込まれる）など、豪華で華やかな逸品。3日前までの要予約で11,000円～

開店25年の寿司屋。浜名湖のコハダや御前崎のクエ、浜松の姫ネギなど鮮度と質を重視した地元素材を吟味し、熟練の技で仕立てていく。そんな店主が特に力を入れているのが、伝統技術の継承。江戸前技術として伝わる「細工寿司」は切った断面に描かれた花や模様が美しい巻き寿司、写真のようにイカに飾り包丁を入れることで鯉や花などに仕立てる細工にぎりもあり、華やかで縁起の良い様は祝いの席にも重宝されている。またその一方で、押し寿司や箱寿司に代表される「関西寿司」も得意。アジやサバなどを酢〆したり、木型や箱で形成し時間をかけ作られる。双方とも精巧な技量と手間のかかるものだが、「盛り込み寿司には日本の技術全てが入っていて面白い」と甲賀さんは伝統を追求する手を緩めない。江戸前と関西寿司、二刀流が楽しめる貴重な店だ。

1_手前中央、新子のにぎりは夏の旬を彩る江戸前の真髄。繊細な手作業がものを言う。浜名湖産のコハダの幼魚5匹分を贅沢に使っている　**2**_カウンターで店主の手さばきを覗くもよし、お酒と一緒に楽しむのもいい　**3**_細やかな包丁に魅せられる細工寿司づくり。限られた寿司ネタの色を巧みに使い、彩りをもたらす**4**_全国すし技術コンクールで金賞を受賞したこともある店主・甲賀進一さん。静岡県のすし技術大使としても活躍し、日々研鑽に努めている　**5**_メインの写真と同じ寿司だが、器と盛り込み方を変えるだけでがらりと雰囲気が変わる。ネタとシャリの大きさを揃え、バランスよく盛る技術も重要　**6**_「笹切り」は鶴、亀、富士山など縁起物がモチーフ。粋を極めた高度な技が光る

【おすすめメニュー】ランチ　にぎり6貫と巻き1本 あら汁付き、ちらしどんぶり あら汁付き各1,000円
ディナー　大将おまかせ15種コース あら汁付き4,400円
ランチ&ディナー　祝い盛り11,000円～、
細工寿司を組み込んだ盛り合わせ。5人前から対応、3日前までの要予約。
宴会コース5000円～　寿司の盛り込みを入れたコース。10名以上の要予約

■ランチタイムの料金の目安　1,000円～　■ディナータイムの料金の目安　3,300円～

沖之寿司

磐田市城之崎4-9-2
☎0538-37-0009
🕒11:00～13:30(LO)、17:00～21:00(LO)
休水曜　P8台
HPhttps://m.facebook.com/iwatasushi

【席数】カウンター席8、座敷席16
【煙草】全席禁煙
【予約】ある方がベター
【CARD】可(VISA)
【アクセス】JR磐田駅より車で5分

季節感あふれる料理に、心がほっと落ち着く

和Cafeごはん　ひいらぎ

わかふぇごはん　ひいらぎ

湖西市

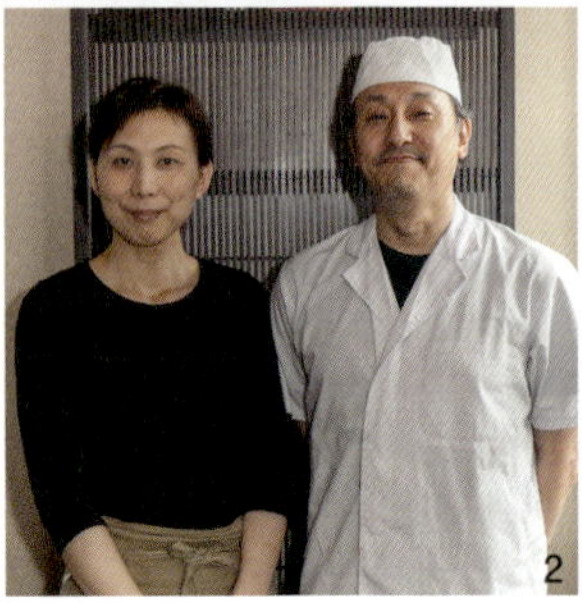

1_メインはお造り、海老しんじょレンコンはさみ揚、さわら幽庵焼からお好きなものを選べる。茶そばサラダや茶碗蒸しなど、彩り鮮やかな小鉢が並ぶ「プチ懐石膳」　**2**_店主である夏目さんは30年以上日本料理人として活躍。奥さまが配膳などを手伝う　**3**_店名の由来にもなったひいらぎの絵が飾られている　**4**_ブラウンを基調にした落ち着いた店内。お客さんにいただいた書や、築100年ほどになる店主の実家で使われていた建具がアクセントに。バリアフリーで車イスや年配の人にもやさしい　**5**_小さな庭が見える窓際にはカウンター席を用意

日本料理をカジュアルな定食スタイルで食べられる小さな和食屋。店の扉を開けると、心地よいジャズに癒される。「一品料理はなく、夜も定食だけ。お酒を飲まない僕たちが理想とする日本料理店を形にしました」と店主の夏目さん。お盆には色とりどりの小鉢があふれ、目を楽しませてくれる。メイン料理をどれにしようかあれこれ迷うのも贅沢なひと時と言える。

暑い夏の味噌汁はさっぱりとした赤だしを使い、秋になると合わせ味噌に替える。冬が始まれば、甘くてコクがあり、体を温めてくれる白味噌で提供。店主は「普通のことしかしていませんから」と謙遜するも、丁寧な心づかいを感じられる。11月下旬になると、浜名湖産のカキフライ定食が始まる。養殖をしている店主の実家から直送された、朝採れの絶品。季節を味わう料理に、心とおなかが満たされていく。

メインはサバの塩焼きやササミカツ、旨みたっぷりの自家製豚メンチなどから、ご飯は漆黒米か炊き込みご飯からチョイス。スイーツもついた盛りだくさんなひいらぎランチ

【おすすめメニュー】（ランチ）プチ懐石膳ランチ1,780円、ひいらぎランチ1,300円
よくばり膳1,800円、豚角煮定食1,600円、カキフライ定食（冬期限定）
（ディナー）夜ランチ1,100円、夜ランチ1,300円

■ランチタイムの料金の目安　1,300円～　■ディナータイムの料金の目安　1,300円～

和Cafeごはん　ひいらぎ

湖西市新居町中之郷4096-2
☎053-594-6283
朝ごはん8:30～9:30、お昼ごはん11:00～14:00、夜ランチ17:00～19:30
休火曜、第3・第5水曜　P8台
HPhttps://wacafegohanhiiragi.hamazo.tv/

【席数】カウンター席7、テーブル席20
【煙草】全席禁煙　【予約】ある方がベター
【CARD】不可
【アクセス】JR鷲津駅より車で約7分

浜松の食材尽くしの「パワーフード」を味わう

浜松料理 座房

はままつりょうり ざぼう

浜松市中区

上皇・上皇后のお食事メニューの1つ、おろしにんにくと塩でいただく肉厚で脂ののった浜名湖将軍うなぎの白焼き(3,500円)は蒲焼と甲乙つけがたい美味しさ。

ここ数年で耳にする機会が増えた「パワーフード」とは、体を元気にしてくれる食べ物のこと。オーナーの秋本さんは、20年以上前から浜松の食材の豊富さと美味しさに惚れ込み、地元浜松の食材を積極的に使用する地産地消の活動を推進している。最近では、2018年当時の上皇・上皇后ご夫妻が退位前の最後の私的旅行で浜松を訪れた際に、おふたりのために浜松の食材のみでメニューを考案し調理まで任されるほど地元の信頼も厚い。扱う食材も地元浜松の最高食材、身が厚い「将軍うなぎ」、遠州灘の生しらす、遠州とらふぐ、幻の蟹と言われる浜名湖のどうまん蟹、浜名湖のクリーミーな牡蠣、土壌もよく野菜も豊富で、実は浜松は食の宝庫。どれもシンプルな味付けでも「旨い!」の一言。味と共に浜松の魅力を再確認できる店だ。

5

1

6

3

2

4

1_見た目も豪華で、脂ののった金目鯛のしゃぶしゃぶは、昆布出汁ともみじおろしでさっぱりと　2_浜松の食材「パワーフード」や地元に対するスタッフの意識も高い　3・4_店内の座布団は色合いが素敵な浜松の遠州綿紬を使用　5_香ばしくパリパリの舞阪産の甘鯛の松かさ焼き（1,500円）　6_遠州灘でその日に揚がった新鮮な生しらす（1,000円～）は磯の香りが口の中に広がる

【おすすめメニュー】甘鯛わかさ焼き1,700円、刺し身盛り合わせ 時価
金目鯛煮付け2,800円、うなぎ白焼き、蒲焼3,000円

■ディナータイムの料金の目安　5,000円～

浜松料理 座房

浜松市中区田町323-6 Y2ビル5F
053-456-7257
18:00～23:30（23:00LO）
休日曜　Pなし
HP http://www.jinen-g.jp/zabo/

【席数】カウンター席8、テーブル席26、個室3（2名、6名、8名）
【煙草】禁煙
【予約】不要　【CARD】可
【アクセス】JR浜松駅より徒歩15分

四川省で生み出される「新派四川料理」を堪能

中国四川料理 川龍

ちゅうごくしせんりょうり せんりゅう

浜松市東区

「チャングオユ（鮎の四川ミックスフレークのせ）」は、旬の時期の鮎に中国の唐辛子アールジンティャオ、山椒、ゴマ、ナッツ、ガーリックなどを炒めた香ばしいサクサクのフレークがたっぷり。

国内では四川料理の鉄人陳建一氏に師事し、今でも年に3、4回は西安、北京、四川省など渡り、進化し続ける本場の新派四川料理を探究し続けるオーナーの川島さん。現地の香辛料、調理法を今なお学び続け、食器も中国から輸入するほどのこだわりよう。厨房には日本では知られていない調味料や香辛料がずらりと並ぶ。日本人の味覚に合わせるのではなく、中国で川島さんが美味しいと思ったものを本場の調理法にセンスを加え、「川龍」の味に仕上げていく。四川料理に馴染みがないと初めは香辛料の香りや味付けにびっくりするが、唐辛子や山椒などの香辛料が口の中に広がる感じはくせになる美味しさ。存分に酸（酸味）、辣（辛味）、麻（しびれ）、苦（苦味）、甜（甘味）、香（香り）、鹹（塩味）で織りなされる本場四川料理を楽しみたい。

1_「双椒排骨」は、中国風スペアリブ（1,800円）。たっぷりの唐辛子と中国の山椒モーウェンの香りが本場の四川の味を作り出している　**2･3**_店の食器や雑貨などは、中国でオーナーシェフが買い付けてきたもの　**4**_中国最古の醸造酒「黄酒」を始め、中国酒三種利き酒セット（900円）などもあるので試してみたい

【おすすめメニュー】平日限定ランチ 川ランチ1,400円、龍ランチ1,900円、スペシャルランチコース2,800円
四川名菜 よだれ鶏1,200円、気仙沼産崩しフカヒレとズワイガニの清湯スープ2,500円
コース 4,000円、6,000円、8,000円（2名より、2日前までに要予約）

■ランチタイムの料金の目安　1,600円～　■ディナータイムの料金の目安　3,000円～

中国四川料理 川龍

浜松市東区半田町1585-1
☎053-545-9333
🕒11:30～14:30、17:30～21:00
休月曜　P9台
HP http://www.shisen-senryu.jp/

【席数】カウンター席4、テーブル席14
【煙草】全席禁煙
【予約】ある方がベター　【CARD】不可
【アクセス】遠鉄積志駅またはさぎの宮駅より車で約7分

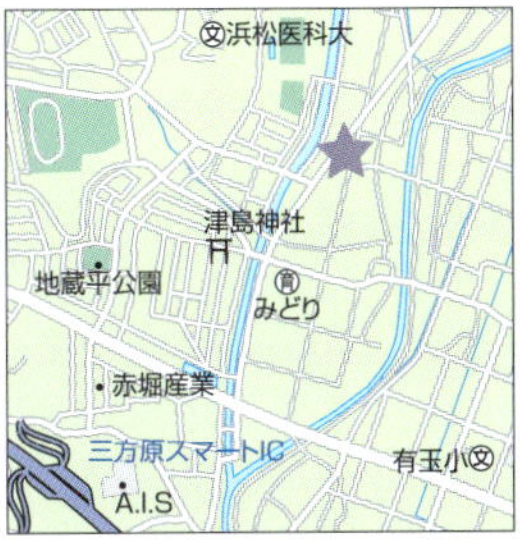

味の決め手はパン粉。満足する食事の場所を提案

とんかつ 涼屋

とんかつ すずや

御前崎市

涼屋定食。ひと口ヒレ2ケ、エビフライ、クリームコロッケが1ケずつ付く。とんかつに添えるキャベツは、よく手入れされた包丁で切ることで、シャキシャキとした歯ごたえに

大将の松下さんは、鉄板焼きや寿司屋などの和食分野で腕を磨いた後、東京にも店舗を持つ浜松のとんかつの名店で修行。2003年に「涼屋」をオープンした。こだわりは何といっても生パン粉。少し塩気が効いた針状のパン粉を使用すると、サクサクに揚がるという。そのためにパン屋で「涼屋」専用のパンを焼いてもらい、店でパン粉状にする。いただいてみると食感の違いに気づくはずだ。パン粉がおいしいからお肉の味も引き立つ、そう感じさせてくれる味だ。お肉は15年以上の付き合いを持つ専門店から、その時の一番おいしいものを届けてもらっている。揚げ油も毎日交換するため胃もたれしにくい。「涼屋のとんかつを食べると、他のとんかつは食べられない」という常連や年配の方も多いようだ。「満足してもらえる食事の提案をしたい。おいしかったの言葉が一番の活力」と話す。

1_カウンター越しに作業する大将の様子が伺える　**2**_松下さんは「平千原商会」の名前でライブ活動も。担当するベースがインテリアのように飾られている　**3**_これがこだわりのパン粉。針状のパン粉にするには、パンの状態が左右するのだそう　**4**_定食に付くぬか漬けは、1人前でこのボリューム。6〜7種類があり、味や食感の違いも楽しめる　**5**_店内は奥様が毎日手入れしているいけばなが飾られ、小粋な小料理屋のような雰囲気。混む日は一日で250人ほど入ることも。予約・待ち合わせは受け付けておらず、揃った状態で入店を

【おすすめメニュー】特製ロース1,950円、特製ヒレ1,950円、涼屋定食1,600円、海老フライ1,600円
ロース1,400円、一口ヒレ1,400円、クリームコロッケ（エビ入）1,400円

■ランチタイムの料金の目安　1,400円〜　■ディナータイムの料金の目安　1,400円〜

とんかつ 涼屋

御前崎市池新田6148
☎0537-85-5033
🕒11:30〜13:45（LO13:15）、17:30〜20:30（LO19:50）※土日の夜は17:00〜20:30（LO19:50）
休火曜　P15台　HPなし

【席数】カウンター席7、テーブル席20
【煙草】禁煙
【予約】不可　【CARD】不可
【アクセス】東名高速道路菊川ICより車で28分

アートのように美しくおいしいご飯

清水食堂

しみずしょくどう

御前崎市

夢咲牛ランチ。黒毛の和牛である遠州夢咲牛は、脂がくどくなくすっきりとした味わいなのに、旨味が強いお肉。ショウガのソースや自家製燻製塩と一緒にいただく。アートのように美しい盛り付け

食堂というと定食屋のようなイメージを思い浮かべるかもしれないが、「清水食堂」は食堂というより、ダイニングレストランのようなお店。「わかりやすい名前にしたかった」と話す店主の清水さんは、東京で調理・接客経験を積、地元に戻ってからは御前崎の海鮮料理店で魚の勉強をしたという。20年ほど様々な飲食店で見識を深めたため、振る舞う料理も多種多様。音楽や絵を嗜んでいたことがあるためか、料理の盛り付けや味付けは感度が高く、目にも美しい。パスタもあれば、土鍋で炊き上げるご飯もあるなど、料理はどれも本格的で美味。地元・御前崎で水揚げされる魚を使ったメニューや、弾力がある味わいの遠州地鶏「黒しゃも、あっさりとしながらもコクがある遠州夢咲牛を使った地元の名産品も味わいたい。

1_夢咲牛ランチに付くちょっと贅沢なサラダ。フォアグラ入りのテリーヌ、パルマ産生ハム、自家製ピクルスと一緒に　2_御前崎で水揚げされた新鮮な金目鯛や、浜名湖産の大アサリ、きのこ、鶏、ミツバが入った土鍋ごはん。注文が入ってから炊き上げるため、30分ほど時間がかかる　3_背の高い家具を置かず、開放感がある店内　4_土鍋ごはんに入れる出汁は、毎回鰹節を削って作っている5_お客さんも店主の清水さんのことを「やすさん」「やっちゃん」と呼ぶなど距離感が近い。夫婦二人で営むお店だが、子どもが生まれたばかりなので、今は清水さん一人でお店を切り盛りすることも多い

【おすすめメニュー】A.パスタランチ1,150円、B.パンランチ1,350円～、C.土鍋ごはんランチ1,550円
コース3,300円～（要予約）、刺身900円～、タチウオ炭焼950円　※すべて税込

■ランチタイムの料金の目安　1,150円～3,000円　■ディナータイムの料金の目安　3,300円～

清水食堂

御前崎市池新田1823-2
☎0537-86-9839
🕒ランチ水～日曜12:00～14:00、ディナー月曜以外18:00～22:00　※2019年10月以降、営業時間変更の可能性あり。詳細はお店のブログで
休月曜、他臨時休業あり　P7～8台
HP https://ameblo.jp/shimizusyokudou/

【席数】カウンター席5、テーブル席18
【煙草】禁煙　【予約】ある方がベター
【アクセス】東名高速菊川ICより車で30分

中国人料理人の本場の味でメニューは200種類以上

御膳房

ごぜんぼう

浜松市中区

1_スパイスの効いたラムのスペアリブ(3,280円)は、ボリュームたっぷり。大勢でシェアしていただきたい　**2**_海老のサクッと揚げピクルスソース(1,680円)。揚げ立て、プリップリの海老を甘めのソースに絡めていただく　**3**_一皿の量が多めなので大人数で行くのがおすすめ　**4**_メニューは200種類以上。中国人料理人が各々の出身地ならではの料理に腕を奮う　**5**_酸辣湯麺(880円)は、四川の味付けで酸っぱくて辛い本場の味。

浜松市内にありながら、カラフルな店構えはまるでそこだけチャイナタウンのような佇まい。メニューの半分は、炒飯、エビチリ、回鍋肉などの日本でも定番の中国料理、残り半数は、四川の麻婆豆腐、酸辣湯麺などの中国本土の本場の味。本場の味を求めて中国人や中国に駐在したことのある人たちが通う。

メニューにはあまり馴染みのないものもあるが、わかりやすいように写真と共に店内に貼られているので安心してオーダーできる。中でも人気なのがラムのスペアリブ。日本の中華では使われないが本場では羊肉は「羊」が「大」きいと書いて「美」しいと読むくらい人気の食材。羊独特の臭みは一週間紹興酒などのタレに漬けこんで消してから揚げ、さらにクミン、シナモンなどの香辛料で仕上げる。サクサクの食感のラムと香辛料がよく合う。料理人は中国各地の出身なので四川、広東問わず本場の味が堪能できる。

一番人気の、火にかかり熱々で出てくる赤い本場の四川の麻婆豆腐(980円)

【おすすめメニュー】特製四川麻婆豆腐980円、海老のサクッと揚げピクルスソース1,680円
酸辣湯麺880円、ラムのスペアリブ3,280円

■ディナータイムの料金の目安　1,000円～

御膳房

浜松市中区千歳町76-2　永田ビル1、2F
053-456-1505
平日17:30～翌4:00、金・土曜17:30～翌5:00
休日曜　Pなし
HPなし

【席数】テーブル100席
【煙草】全席喫煙可
【予約】ある方がベター　【CARD】可
【アクセス】JR浜松駅より徒歩5分

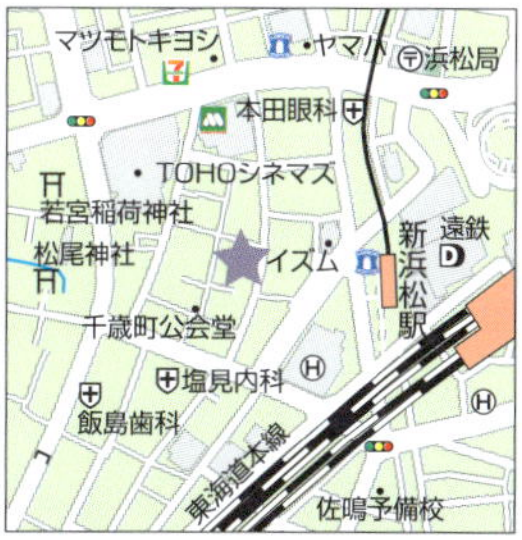

定番から独創的なメニューまで、肉を極めた店

肉料理ひなた

にくりょうりひなた

浜松市中区

牛一頭から一つしか取れない油ののった牛たんもとは20日以上氷温熟成させ、アミノ酸を増やし旨味をさらに出している。仕入れ状況がその日によって変わるためTELで事前確認を。2,080円～/100g

様々な経験をしたオーナーシェフの藤田さんがたどり着いたのは、厳選された肉をその肉に合った調理法で提供する肉料理の店。一番人気の「黒毛和牛のローストビーフ」は、Ａ４ランク以上の厳選された肉を使用。しっかり厚みがあるが簡単にかみ切れるほど柔らかく、手作りのソースとも絶妙に絡み合う。カツレツは赤身の旨味を堪能できる和牛のもも肉を使用。テーブルに出てきた熱々のカツレツにその場でトリュフを削ってくれる贅沢なサービスが、視覚と嗅覚が食欲を刺激。一口食べると、外はサクサク、中はしっとり。こんなカツレツが食べてみたかった。浜松市では数少ない保健所認可の和牛刺し、ユッケ刺しも提供しているので予約して来店したい。お酒造りのプロとして働いた経験もある藤田さん、日本酒から焼酎、ワイン、クラフトビールまでおすすめのお酒も各種揃っている。肉好きなら迷うことなく直行してほしい。

2

1

3

1_黒毛和牛低温熟成ロースカツレツ（1,680円）。クリームチーズや温泉卵を使用したコクのあるソースと目の前で削られる黒トリュフの香りも楽しんで　**2**_前菜、サラダ、蒸し物、メイン、みそ汁、香の物、デザートまでつくコスパもよい黒毛和牛ローストビーフ御膳（1,980円）は限定10食。ソースは、自家製の三種類から選べ、写真はグレービーソースに国産の粒ハニーマスタード　**3**_お子様カレーや唐揚げなどもあるので、ファミリーで個室を利用するのもおすすめ

【おすすめメニュー】極上黒毛和牛ローストビーフ1,380円（100g）、近江牛レバーの炙り680円
豚ロース西京味噌吟醸粕漬け焼き980円、極上豚ひれ肉のローストポーク1,280円
浜松一しびれる汁なし四川担担麺880円

■ランチタイムの料金の目安　1,000円～　■ディナータイムの料金の目安　3,000円～

肉料理ひなた

浜松市中区佐鳴台6-10-20
☎053-440-5529
🕐ランチ11:30～14:00（LO13:30）、ディナー17:00～23:00（LO22:00）
休火曜　P8台
HPhttp://www.hinata2015.com/

【席数】カウンター席4　個室3（2～6名）　座敷席36（掘りごたつ）【煙草】喫煙/ランチタイム全席禁煙（2020年4月より終日全席禁煙）
【予約】ある方がベター　【CARD】可
【アクセス】浜松駅より車10分・遠鉄バス「佐鳴台6丁目南」より1分

研究を重ね辿り着いた、究極のとんかつ

とん唐てん

とんからてん

浜松市中区

脂身の甘味、旨味、そしてコクのある厳選湖西産銘柄豚のロースの上とんかつ定食（松）（2,300円）

いわゆる普通のとんかつを想像してオーダーすると、まずその色に一瞬驚く。こんがり揚がったきつね色ではなく、それは白金色。これには理由が2つある。まずは、揚げ油を常に取り替え新鮮な油で揚げているため。もう一つは揚げる温度。一般的には揚げ物は１８０℃近くで揚げるが、こちらではなんと１００℃強の低温の油で二度揚げる。そうすることで、肉のやわらかな食感を残せる上に旨味や肉汁を閉じ込めることが出来るそう。

肉は品評会で黒豚を抑え優勝した湖西産の銘柄豚を使用。「常連さんは、初めはロースを頼んでいるが、そのうちヒレ肉好きになる方も多い」というヒレ肉の柔らかさにも驚く。旨味と柔らかさを引き出せるようにと研究を重ね辿り着いたのが、きのこに漬ける手法と丁寧な下ごしらえ。低温の為揚げる時間を要するが全てはとにかく美味しく食べてもらいたい一心からなのだ。

1_今なおとんかつを更に美味しくと日々研究しているというオーナーシェフの名倉隆さん　**2**_丁寧な筋引きがされ、何層にもなるヒレの間から肉汁の旨味が溢れ出る上ひれかつ定食（2,300円）　**3**_リピーターが多いのもこの店の特徴

【おすすめメニュー】ヒレカツ定食1,700円
嬉嬉豚ロースカツ定食2,900円

■ランチタイムの料金の目安　1,250円～　■ディナータイムの料金の目安　1,400円～

とん唐てん

浜松市中区高林2-8-30
053-474-3335
ランチ11:30～14:00、ディナー17:30～21:00
休水曜、第1、3日曜　P14台　HPなし

【席数】テーブル席28
【煙草】禁煙
【予約】不可
【CARD】不可
【アクセス】遠鉄助信駅より徒歩5分

異郷の地で母の味を思い出させる本場ベトナム食堂

ニエウ　クアン　ベトナム料理

ニエウ　クアン　ベトナムリョウリ

浜松市中区

本場の食べ方で、たっぷりの生もやし、バジル、パクチーが添えられるフォーと生春巻きのセット（910円）は牛の出汁がよく効いて美味

　連尺の大通りからビルの2階に入ると、そこはどこか異国情緒漂うリトルベトナム。温かい笑顔で迎えてくれるのは在日歴15年のオーナーのホアンさん。品数の多いメニューの説明も堪能な日本語で教えてくれるので安心。店名の「ニエウクアン」はベトナム語で『土鍋』。看板メニューのコムニエウセットは、土鍋に入った白米と魚の煮付けのセットで、ベトナム人にとっては母国を思い出す母の味。ほとんどのベトナム人が店に来るとオーダーするのだそう。ホアンさんの「在日のベトナム人をサポートしたい」と「日本の方々に本物のベトナム料理を食べてもらいたい」という思いから、料理はベトナムで25年料理人をしてきたシェフが作る本場の味。ベトナムからの留学生でも気軽に来れる様に価格設定も抑え目。ベトナム料理に馴染みのない人でも日本食と通ずる物があると感じられる優しい味だ。

2

1

5

4

3

6

1_濃いベトナムコーヒー（450円）にコンデンスミルクを混ぜて好みの甘さに　**2**_ベトナム風お好み焼きのバインセオ（723円）は米粉を使用、黄色はウコンの色。「甘くて美味しい」と本国から取り寄せるベトナムの川海老、豚肉、もやしがたっぷり入り、中はしっとり外はパリパリの食感　**3**_ベトナムの家庭料理のコムニエウセット（1,058円）は鯖をナンプラー、醤油などで煮つけたものとホクホクの土鍋ごはん　**4·5**_清潔感のある店内にはベトナムアートが飾られている　**6**_在日ベトナム人をサポートするオーナーのホアンさんの人柄でベトナム、日本人関係なく人が集う

【おすすめメニュー】フォーと生春巻きのセット910円、
バイン ホイ ヘオ カイ（豚肉丸焼きとバインホイ）1,382円
コム ニエウ セット1,058円、バインセオ（ベトナム風おこのみ焼きセット）723円

■ランチタイムの料金の目安　670円～　■ディナータイムの料金の目安　1,058円～

ニエウ クアン ベトナム料理

浜松市中区連尺309-16　寺沢ビル2F
☎080-3679-7461
🕒11:00～22:00
休水曜　Pなし
HPhttps://nieuquan.owst.jp/

【席数】テーブル席24·カウンター席2
【煙草】全席禁煙
【予約】不要（ランチタイムはある方がベター）
【CARD】不可　【アクセス】遠鉄バス「連尺」より徒歩1分·浜松駅北口より徒歩7分

地元の新鮮魚介類と野菜にこだわるビストロ

OCEAN BISTRO Twuku Twuku

オーシャンビストロ トゥクトゥク

浜松市中区

トゥクトゥクシーフドグリル＆ベジは、ピンクのじゃがいもシャドークィーン、生で食べられるかぼちゃ、黄色人参など色鮮やかな珍しい野菜と遠州灘のあかす海老、ひいかなどの魚貝を自家製バーニャカウダで

店内はオープンキッチンで活気があり、気取らず楽しい宴にぴったりのオーシャンビストロ。カウンターに並ぶ海鮮や野菜は地元産で、自然や環境を配慮している安心な生産者からのみ仕入れている。信頼のおける生産者が作る米油やオリーブオイル、塩を使用し、オーガニックワインの品揃えも充実。料理長の後藤さんのサステイナブルの意識がこの店の食材、調理法に表れる。

人気の豪快地魚のブイヤーベースは、遠州灘の真鯛を熟成することで旨味に深みを出している。腰折海老などの魚介も全て遠州のもの。最後にコクのある魚介の出汁がつまったスープのリゾットでしめるのがおすすめ。鮮度の高い状態で放血神経締めした熟成地魚瞬間燻製カルパッチョも人気。地元の海鮮食材にこだわる後藤さんはソムリエ資格保持者でもあるので、料理に合うワインのアドバイスもしてくれる。

1_ブイヤーベースは遠州灘の真鯛を熟成したもの、腰折海老、地元の野菜から濃厚なスープが出て美味　**2**_個室は女子会などにも人気　**3**_黒板にはその日地元で獲れた鮮魚のメニューがずらりと並ぶ

【おすすめメニュー】オーシャンビストロのプラッターM1,680円・L2,280円
トゥクトゥクシーフードグリル＆ベジM1,280円・L1,880円
豪快地魚のブイヤーベースM1,480円・L2,080円　パーティプラン3,500円〜

■ディナータイムの料金の目安　4,500円〜

OCEAN BISTRO Twuku Twuku

浜松市中区板屋町672　FOOD昴ビル1F
☎053-454-0404
17:00〜24:00（LO23:00）
㉁なし　Ⓟなし
HP https://twukutwuku.bar/

【席数】カウンター席7、個室3（2〜12名）・テーブル席20
【煙草】喫煙可
【予約】ある方がベター　【CARD】可
【アクセス】JR浜松駅より徒歩5分

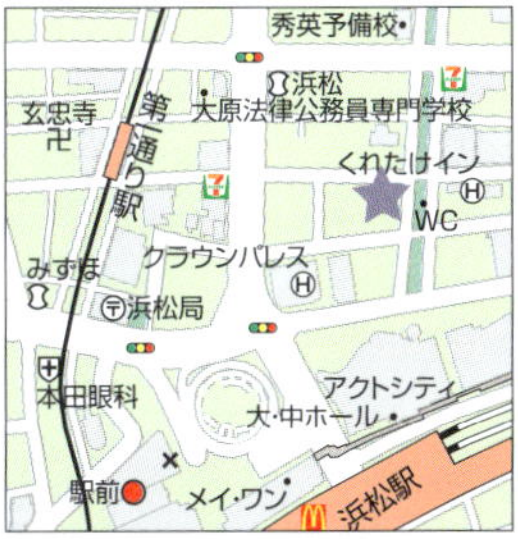

県内ではここでしか食べられない鹿児島産の銘柄豚

とんかつ八兵衛

とんかつ　はちべえ

浜松市西区

ダントツ人気のたから豚中ロース（1,641円）。ご飯、味噌汁、キャベツもおかわり自由!

この店の目玉は、雄大な自然の中で餌や環境にこだわった産地直送の「鹿児島産たから豚」。やわらかくさっぱりとした脂の旨味が特徴のたから豚をどのようにしたら一番美味しく食べられるか研究を重ね、辿り着いたのは大き目の特注パン粉で揚げ「ふわサクッ」の食感をだすことと、こだわりの塩とソース。大きめのパン粉は口に運ぶとサクサクと心地よい歯ざわりで、たから豚がもつ甘目の脂身を引き立てる。なによりまずは塩でいただくのがおすすめ。塩は岩塩、ゲランドの塩、柚子塩など6種類が並び、色々な味とのマッチングを楽しめる。ソースは浜松の老舗トリイソースと共同開発した特製の野菜たっぷりの甘口ソース。添えてあるキャベツに自家製生ドレッシングをからめると、またいっそうとんかつが引き立つ。全てはたから豚を美味しく食べてもらうためなのだ。

1_三元豚のヒレカツとお野菜と海老フライ(1,628円)は、茄子、オクラ、玉ねぎなど野菜もしっかり食べたい人におすすめ　2·3_かなり広い店内で、座敷スペースもあるのはファミリーにも嬉しい　4_ゲランド、岩塩などスタンダードなもの以外にもわさび塩、柚子塩、山椒塩などがあり、食べ比べするのも楽しい　5_豆乳クリームを使用し中には五目豆が入ったヘルシーな湯葉クリームコロッケは女性に人気の一品

【おすすめメニュー】八兵衛ランチ1,100円、ヒレカツランチ1,408円
ヒレカツとお野菜と海老フライ膳1,628円
たから豚 中ロースかつ膳1,782円、湯葉くりーむコロッケ膳1,408円

■ランチタイムの料金の目安　1,000円～　■ディナータイムの料金の目安　1,500円～

とんかつ八兵衛

浜松市西区入野町611-1
☎053-401-0880
ランチ11:00～15:00(LO14:30)、ディナー17:00～21:30(LO21:00)
休基本なし(元旦のみ)　P50台
HP https://www.hatibe.com/

【席数】テーブル席56、カウンター席12、座敷席20
【煙草】禁煙 (喫煙室あり)
【予約】可　【CARD】可
【アクセス】JR浜松駅から車で15分

地元の食通たちに愛される浜松を代表する老舗

グランドホテル浜松別館 民芸割烹 いなんば

みんげいかっぽう　いなんば

浜松市中区

1_シェフおまかせコースの上質な牛肉がバターと香ばしく焼かれ食欲を刺激する。ワインも30種類以上あるので好みを伝えてお肉と楽しみたい　2_2階のしゃぶしゃぶと和食の個室　3_1階の鉄板焼き。長野県から古民家を移築した店内は落ち着きのある空間　4_VIP感あふれるプライベート空間でシェフとの会話も弾む。シェフがお客さんの食べるペースに合わせながら絶妙なタイミングで次の一品を出してくれる　5_季節によって内容の変わる和食ランチ「華かご」は、見た目も美しく人気の御膳

　浜松で鉄板焼きといえばこちらの老舗「いなんば」。古民家を移築した店構えは老舗の風格。1階は鉄板焼き、2階は全て日本料理・すき焼き・しゃぶしゃぶ用の個室。鉄板焼きは熟練のシェフが極上ステーキや、野菜、新鮮な魚介類を見事な手さばきと最高の焼き加減でこちらの食事のタイミングに合わせて目の前に差し出してくれる。鉄板焼きの醍醐味はまさにこのライブ感。使用する牛肉は料理長の田中さんが全国から厳選したものを使用、国産はA3以上の高級肉のみが揃う。創業当時から味付けは塩、胡椒、バター、醤油とシンプルで、素材の上質さを裏付ける。

　個室では、しゃぶしゃぶやすき焼きの他、ふじのくに料理人が考案するランチメニューの和食の御膳も楽しめる。ホテルならではの上質なサービスと品格と実力を感じる老舗の名店は、特別な日の食事にぴったりだ。

目の前で繰り広げられるシェフのパフォーマンス

【おすすめメニュー】ランチ　鉄板焼きステーキランチ3,500円、和食 ふじのくに仕事人ランチ 華かご2,300円
ふじのくに仕事人ランチ 華吹雪3,000円
ディナー　和食 会席・極7,000円、鉄板焼き シェフおすすめコース10,650円

■ランチタイムの料金の目安　2,300円～　■ディナータイムの料金の目安　6,000円～

グランドホテル浜松別館　民芸割烹 いなんば

浜松市中区東伊場1-3-1　☎053-454-6312
◷11:30~14:00（LO13:30）、土日祝11:30～14:30（LO14:00）、17:00～22:00（LO21:00）
休月曜（祝日は営業）・12月は無休　P300台
HP https://www.grandhotel.jp/hamamatsu/restaurant/inanba/

【席数】個室4部屋、BOX席4つ、カウンター席あり
【煙草】一部喫煙可　【予約】ある方がベター
【CARD】可　【アクセス】JR浜松駅より車で5分・東名高速浜松ICより車で25分・浜松西ICより車で30分

陽気な港町のバルでグラス片手に豪快な宴を

ビストロ　チキート

ビストロ　チキート

浜松市中区

1_柑橘系からベリー系、ジンジャーまでつけこんだシロップが並びどれにしようか迷ってしまう　**2**_鍛冶町通りに面した活気のある店内　**3**_店内で焼きあがる自家製イギリスパン(350円)とメープルシロップをたっぷりかけたプーさんのクリームチーズは相性抜群　**4**_丸ごと一羽でオーダーした方がジューシーさも失われず美味。大勢でわいわいととりわけながら食べるのも楽しい

ヨーロッパの港町のバルをイメージした店内はオープンで陽気な雰囲気。名物はなんといってもロティサリーチキン、この店に来たらこれを食べないわけにはいかない。数種類のハーブや野菜と24時間漬け込み、専用オーブンでじっくりと焼いているので焼きむらが出ずに、無駄な水分も抜けて旨味が凝縮している。仕上げにロティサリーソースをかけたチキンをスタッフが目の前でカットしてくれる演出も食欲がそそられる。部位によって違う旨味、食感が楽しめるので丸ごと一羽オーダーしても案外ペロリと食べられてしまう。

もう一つの自慢が、豊富に揃ったリキュール類。オレンジなどの柑橘系から、リンゴ、イチゴなどのドライフルーツのブランデー漬けまで、大きな瓶が店内に並ぶ。食事と楽しむなら漬け込みハイボールもおすすめ。港町にいる気分で食事と楽しんで。

たっぷりの魚貝の出汁でイタリア生米から炊き上げ
たチキート名物!至極のシーフードパエリア1,650円

【おすすめメニュー】名物!豪華ロティサリーチキンホール（2人前）1,380円
チキート名物!至極のシーフードパエリア1,650円
ぷーさんのクリームチーズ500円、名物自家製イギリスパン350円

■ディナータイムの料金の目安　3,000円～

ビストロ　チキート

浜松市中区田町324-13　1F
053-454-3838
17:00～24:00（LO23:30）
休なし　Pなし
HP http://www.p-s-d.co.jp/brand.html

【席数】テーブル席62、カウンター席12
【煙草】全席喫煙可
【予約】ある方がベター
【CARD】可
【アクセス】JR浜松駅より徒歩5分

昔ながらの調理法と旬の野菜で心身共に満たされる

厨《くりや》

浜松市東区

2

1

5

3

4

1_車麩のカツ（500円）は醤油麹と。調味料や揚げ物の油にもこだわる　**2**_その日使う分のドミグラスソースが終了したら、店じまいするそう　**3**_手作りのわらびもちはメープルシロップで。上白糖はどの調理にも使用しない。オーガニックコーヒーやノンカフェインのインカコーヒーなどもある（200円）　**4**_座敷スペースもあるので赤ちゃん連れの客も多い。お子様メニューやお子様カレー（500円）もある　**5**_ 発酵した活きた状態で腸に届くもちもちの酵素玄米はテイクアウトもOKで300g/500円

住宅街の中の古い民家を改装したこの店には、元気になりたい人、食への意識の高い人、美味しい野菜が食べたい人たちが連日遠方からもやってくる。その理由はオーナーの石田さんのストイック過ぎないビーガン（玄米菜食）への姿勢だろう。「最近はビーガンの方も増えていますが、今の社会ではビーガン料理だけで生活するのは難しい。外食続きやなかなか調理の時間が取れない方が野菜の力や美味しさで体を整えるような気持ちで気軽にきてほしい」という石田さん。野菜だけでもこんなに満足感のある食事ができるのは、信頼をおく契約農家からのこだわりの野菜の力と調理法のバラエティの豊富さだろう。店の一番目玉料理は、なんといっても酵素玄米。玄米を小豆と塩で炊き数日寝かせ発酵させる。身体に不足がちの栄養成分が採れるという優れもの、独特のもちもち感もくせになる美味しさだ。

月替わりプレート。この日は、豆腐の蒲焼風、キヌアサラダ、夏野菜の甘辛味噌かけ、ナムル三種、野菜のかさね煮、長芋の梅肉和え、酵素玄米、みそ汁と野菜尽くし。様々な味付けで大満足のプレート

【おすすめメニュー】月替わりプレート1,300円、野菜カレー1,100円、車麩のカツ500円

■ランチタイムの料金の目安　1,400円～

厨

浜松市東区小池町1430-3
☎090-6645-0588
🕒ランチ11:00～15:00(L.O14:00)
休不定休　P5台
HPhttps://kuriya.hamazo.tv/

【席数】テーブル席16
【煙草】禁煙
【予約】ある方がベター
【CARD】不可
【アクセス】遠鉄自動車学校前駅より徒歩10分

伝統のブラジルバーベキュー、熱々を豪快に

シュラスカリアレストランMinas Grill

シュラスカリアレストランミナスグリル

掛川市

シェフは2002年開催のサッカーワールドカップ日韓大会において都内の店でセレソン（ブラジル代表）をもてなした経験を持つ

ブラジルのリオで長年料理長を勤めたオーナー・ゴメスさんが本場の味をそのままに伝えたいと、15年ほど前に開いたシュラスカリアレストラン。「日本人はシュラスコといえば牛のイメージでしょうが、実は様々な肉や部位を使います」と話す通り、クッピン（セブ牛のコブの部分）や、ピッカーニャ（イチボ）、バナニーニャ（スペアリブ）など牛だけでも5種類、豚や鶏を合わせて10種類ほどの肉をセレクト。これらを肉ごとに下処理し、塊のまま串に刺して専用のグリルで5〜6時間かけてじっくりと焼き上げる。部位ごとに焼き加減を見極めた肉は驚くほどにジューシーで噛むごとに旨味が口の中いっぱいに広がる。テーブルまで運びその場で切り分けてくれるライブ感も好評だ。肉本来のおいしさを引き出すよう味付けは岩塩のみ、それぞれの肉の味や食感を比べながら楽しみたい。

5

1

3

2

6

4

1_ブラジルから取り寄せた専用のグリルで焼き上げるシュラスコ。部位ごとに焼き加減を見極め、焼きたてをテーブルで切り分けてくれる　**2**_バイキングコーナーにはサラダやライスの他、黒インゲン豆と豚や牛の干し肉を煮込んだ「フェジョアーダ」、豚の皮を揚げた「プルルカ」などブラジルの家庭料理も豊富に並ぶ　**3**_清潔感溢れる店内。在日ブラジル人はもちろん日本人にも口コミで噂が広がり、週末は予約が必要なほどの人気ぶり　**4**_ゴメスさん夫妻の丁寧な接客にもファンが多い　**5**_一番人気は牛のクッピンとピッカーニャ。脂の甘い豚のスペアリブや子どもに人気のソーセージ、鶏の手羽もおすすめ　**6**_奥様特製のデザートも食べ放題。プリンが特に好評で、硬めで優しい甘さは昔懐かしい味わい

【おすすめメニュー】ランチタイムバイキング（日替わりメイン、サラダ＆デザートバイキング）60分999円
ディナー　シュラスコ＆バイキング　大人12歳以上3,490円、子ども7～11歳1,500円、幼児3～6歳650円、3歳未満無料
シュラスコ＆バイキング飲み放題付き　土日祝日限定6,500円

■ランチタイムの料金の目安　999円～　■ディナータイムの料金の目安　3,490円～

シュラスカリアレストランMinas Grill

掛川市大坂394-11 2F
☎0537-72-7360　0538-38-9012（日本語専用ダイヤル）　営水・木・金11:00～16:00　17:00～23:00（LO～22:00）　土日祝11:00～23:00（LO～22:00）　休月、火曜　P50台
HP http://www.passoapasso-com.net/minasgrill/

【席数】テーブル席160　【煙草】全席禁煙　【予約】不要　【CARD】可　【アクセス】東名高速掛川IC・菊川ICより車で約20分

小旅行気分で浜名湖の眺望と三ヶ日牛を楽しむ

国民宿舎奥浜名湖

こくみんしゅくしゃおくはまなこ

浜松市北区

1_三ヶ日牛せいろ御膳に付く刺身盛り合わせ。他にも、茶わん蒸し、ご飯、みそ汁、香の物、デザート付　**2**_季節のデザート　**3・4**_テラスや窓際のテーブルは特等席だ　**5**_三ヶ日牛せいろ御膳に付いてくる炊き込みご飯。ボリュームもたっぷり

浜名湖県立自然公園内の山を登っていくと景色が開けた場所に佇む国民宿舎奥浜名湖。ここには宿泊者以外もランチが楽しめるレストランがある。店内に入ると眼下に広がるのは、輝く浜名湖に都田川、細江の町並みと田園風景。

メニューは海鮮丼、刺身盛り合わせ、うな重、天麩羅、麺類まで豊富な品揃えだが、一番人気は地元のブランド肉「三ヶ日牛」を使用したメニュー。中でもおすすめなのが、三ヶ日牛の炊き込みご飯とせいろ蒸しがつく贅沢な「三ヶ日せいろ御膳」。蒸された三ヶ日牛はほんのり甘味があり、くせがなく、さっぱりとした味わい。炊き込みご飯の上にたっぷりのった錦糸卵と海苔は、甘辛い三ヶ日牛との相性も抜群。食後は四季を感じられる絶景を眺めながら日帰り温泉も楽しめる。まさに旅気分が味わえる穴場スポットだ。

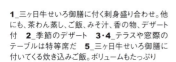

三ヶ日牛のせいろ御膳（2,000円）の三ヶ日牛のせいろ蒸し。他にも三ヶ日牛御膳、三ヶ日牛ステーキ重、三ヶ日牛カレーなど三ヶ日牛三昧だ。

【おすすめメニュー】三ヶ日牛ステーキ重1,500円、三ヶ日せいろ御膳2,000円
三ヶ日牛ハンバーグ御膳1,200円、うな重2,750円、海鮮丼1,250円

■ランチタイムの料金の目安　1,200円～

国民宿舎奥浜名湖

浜松市北区細江町気賀1023-1
053-522-1115
ランチ11:00～14:00（13:30LO）
休なし（臨時休業あり）　P50台
HPhttps://www.okuhamanako.jp/

【席数】テーブル席90　【煙草】禁煙
【予約】ランチメニューでの予約は不可
【CARD】可　【アクセス】東名高速浜松西ICより車で20分・東名高速三ヶ日ICより車で15分、天竜浜名湖鉄道気賀駅よりタクシーで5分

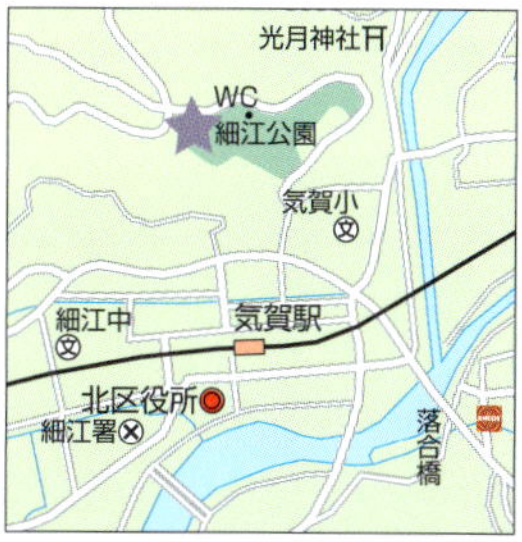

浜名湖畔にある三ヶ日牛専門店

炭火焼肉　三愛

すみびやきにく　さんあい

浜松市北区

一番人気の三ヶ日牛のカルビ・ロース盛り（3～4人前）は上カルビ、上ロースなど食べ比べできるのも楽しい。美味しそうな良い肉色をしているのも三ヶ日牛の特徴

年間４５０頭しかとれない希少な三ケ日牛を提供する焼肉店。オーナーシェフ・竹下さんの先代たちの世代が三ケ日で酪農をスタートさせ、国内の品評会でも他県の有名な高級肉と並ぶほどの品質にまで三ケ日牛ブランドを育てあげた。そして現在、二代目となった酪農家たちと消費者を繋ぐのが、字のごとく三ケ日をこよなく愛する竹下さんの店「三愛」だ。

三ケ日牛は、ストレスの無い三ケ日ならではの自然環境の中で三ケ日みかんなどを与えられて育てられる。あっさりとした口当たりの脂と甘みのある肉は箸がとまらなくなる美味しさ。炭火で焼かれた三ケ日牛は自家製のタレや三ケ日みかんを絞ったポン酢と。三ケ日牛のローストビーフ、三ケ日牛のソーセージ、三ケ日みかんの搾りたてジュースなどとにかく三ケ日三昧。生産者のわかる安心で上質な肉を頂ける幸せ。是非浜名湖までドライブがてら行ってみてほしい。

1_甘みがかった脂がジューシーな三ヶ日牛を備長炭で香ばしく頂く　**2**_浜名湖を望める最高のロケーションで三ヶ日牛尽くしを楽しんで　**3**_大きな三ヶ日牛ソーセージは子どもから大人まで人気　**4**_みかんを熟成させて甘味を最大限にしてから絞るため濃厚で甘い三ヶ日みかん生しぼりジュース

【おすすめメニュー】三ヶ日牛賑わい盛り3,065円、三ヶ日牛ソーセージ500円、三ヶ日牛ローストビーフ950円
三ヶ日牛レバー焼き600円、三ヶ日牛ローストビーフサラダ750円

■ランチタイムの料金の目安　2,000円～　■ディナータイムの料金の目安　4,000円～

炭火焼肉　三愛

浜松市北区三ケ日町津々崎368
☎053-525-1229
ランチ11:30～14:00（土日祝）、ディナー17:00～22:00（21:00LO）
休水曜　P30台
HP http://www.yakiniku3i.com/

【席数】テーブル席28、座敷席26
【煙草】全席喫煙可
【予約】ある方がベター　【CARD】可
【アクセス】天竜浜名湖線都筑駅より徒歩12分

飽きのこない豊富な居酒屋メニューが自慢の店

べったくDINING 月のうさぎ

ベッタクダイニング　ツキノウサギ

浜松市中区

タコ、マグロ、サーモンなどの魚貝と熱々のガーリックトーストの組み合わせがやみつきになる美味しさのガーリックトーストで海鮮ディップ(780円)はお店の一番人気。

「ふじのくに食の都づくり仕事人」に選ばれた大将が経営する今年15年目を迎える人気店。その秘密は、毎日変わる30種類近くものおすすめメニューと、日本料理店での修行で磨いた大将の食材を選ぶ目利き。定番の居酒屋メニューから旬の贅沢な一品に至るまで食材の仕入れに妥協はしない。毎日仕入れる季節の刺身の盛り合わせは人気の一品。野菜は地元の農家から仕入れる。牡蠣好きの常連達のために一年中生ガキが食べられるよう夏は石川県の天然の岩ガキを仕入れる。「皆でわいわいできる楽しい店にしたい」が、職人としての食材へのこだわり、美味しいものありきの哲学が感じられる店。

「うにといくらの宝石箱」(要予約・時価)は、ウニの塊がそのまま入りそれを囲むようにいくらが下のご飯が見えないほどたっぷり盛られていて見た目も食べ応えも最高。

1_店長の加藤義功さん　2_脂がのった見事な大きさの金目鯛の煮付け（写真は3,900円）は常連客にも人気　3_甘辛い肉みそを餅で包み、出汁のきいた餡をかけたうさぎ餅（630円）　4_オープンキッチンからスタッフの威勢のよい声が響く活気のある店内　5_会話を楽しむならテーブル席がおすすめ

【おすすめメニュー】金目鯛の煮付け3,900円、本日のお造り時価
ガーリックトーストで海鮮ディップ780円、うさぎ餅630円

■ディナータイムの料金の目安　4,000円～5,000円

べったくDINING 月のうさぎ

浜松市中区板屋町100-1
053-451-6007
17:00～24:00
休日曜　Pなし
HP https://tsukinousagi.hamazo.tv/

【席数】テーブル席12（個室としても使用OK）・カウンター席7・座敷席14・
【煙草】全席喫煙可
【予約】ある方がベター　【CARD】可
【アクセス】遠鉄第一通り駅より徒歩1分

時間を忘れてくつろげる大人のモダンな『異空間』

cafe & dining i空間

カフェアンドダイニング　イクウカン

浜松市中区

選べるランチプレート（1,280円）は、副菜、主菜を5種から選び、本日のスープ、サラダ、五穀米のおにぎり、ドリンク付き

店内は木のアーチで覆われ、壁には流木や草木のオブジェ。まるでおとぎ話に出てくるような雰囲気はまさに『異空間』。

一流ホテルで腕を振るっていた料理長の作る料理は、オムライス、ロコモコなどのカフェメニューから、自ら厳選した地元の旬の鮮魚のお造りまでジャンルにとらわれず幅広い。お米は全てヘルシーな十五穀米を使用し、エディブルフラワーがまるで花畑のように添えられるなど見た目も鮮やか。

カナダ発祥、話題のパヌッキーはパンケーキとクッキーの好いとこ取りのスイーツ。外はパリ、中はふんわりの初体験の食感、味はプレーン、ストロベリー、キャラメルの3種。浜松でパヌッキーが食べられるのはこちらの店だけ。

個室は防音仕様で完全非日常プライベート空間を楽しめる。記念日や大切な人へのサプライズなどの特別な演出におすすめだ。

2

3

1

4

1_新食感のパヌッキー（980円）はプレーン、ベリー、キャラメルから選べる。有機の豆を使用したサイフォンコーヒーとも相性抜群 **2**_オープン時間も長く、ランチ、カフェ、ディナーと様々な用途で使えるのも嬉しい。夜のカフェ利用のみでもOK **3**_個室には専用モニターTVもあるので打ち合わせなどにも使える。個室料金はランチ、カフェ500円（人）、ディナー1,000円（人） **4**_地場産のイサキ、鯛、太刀魚の本日のお造り。写真は2人前で時価（400円〜800円/人）。これを目当てにくる常連客も少なくない

【おすすめメニュー】選べるプレートランチ1,280円、ローストビーフオレンジバルサミコソース980円
チキンオーバーライス1,280円、パヌッキー980円、本日のお造り400円〜 ※すべて税込

■ランチタイムの料金の目安　1,280円〜　■ディナータイムの料金の目安　3,500円〜

cafe & dining　i空間

浜松市中区板屋町522MYビル1F
☎053-450-3180
🕘11:00〜23:00（LO22:30）
休月曜（祝日の場合は営業）　P7台
HPhttps://ikukan.owst.jp/

【席数】テーブル席28、カウンター席6　個室1（2〜8名）
【煙草】喫煙可（ランチタイムは全席禁煙）
【予約】ある方がベター　【CARD】可
【アクセス】JR浜松駅から徒歩10分

あいうえお順

INDEX

エリア別
INDEX

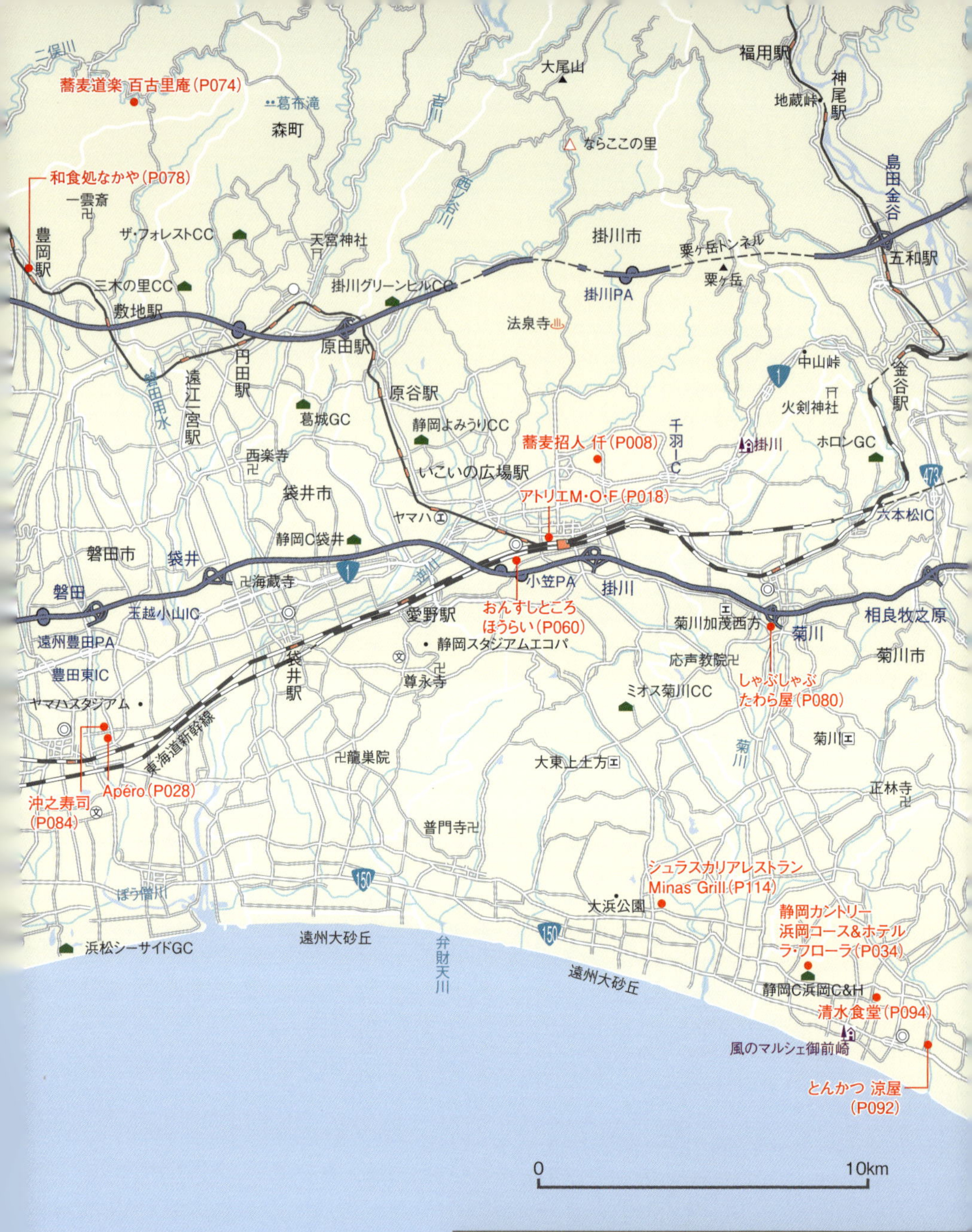

掲載店エリアMAP

本書掲載店の、おおよその所在地を示した地図です。
お出かけになる時の目安としてお役立てください。

浜松いなさJct
いなさGC
引佐トンネル
阿多古川
杉峠
吉川峠
新城南部
パインフラットGC
瓶割峠
浜松いなさ
東名高速道路
方広寺
北区
浜松SA
宇利峠
新城PA
富幕山トンネル
都田駅
フルーツパーク
天竜浜名湖鉄道
岩水寺駅
三ヶ日Jct
龍潭寺
摩訶耶寺
国民宿舎奥浜名湖（P116）
西気賀駅
長楽寺
常葉大学前駅
金指駅
炭火焼 二愛（P118）
三ヶ日
奥浜名湖駅
三ヶ日駅
都筑駅
寸座駅
本坂トンネル
尾奈駅
浜名湖SA
味匠 いづみち 天邦（P076）
遠州小松駅
楓庵（P062）
鰻処 うな正（P066）
三方原PA
Cafe Rustico（P042）
積志駅
三ヶ日
かんざんじ
松見ヶ浦
ホテル九重 割烹「汽水亭」（P020）
中国四川料理 川龍（P090）
ALTA PONTE（P040）
知波田駅
さぎの宮駅
ムッシュタキの店（P038）
浜名湖
寿し半 藍路（P072）
湖西市
大森駅
旬菜庵いっき（P050）
上島駅
厨（P112）
中区
confiture（P036）
曳馬駅
鷲津駅
はまゆう大橋
助信駅
天竜川駅
弁天島 山本亭（P070）
西区
bistro a table（P024）
とん唐てん（P100）
和Cafeごはん ひいらぎ（P086）
ザ ハマナコ
魚河岸料理 太助（P058）
とんかつ八兵衛（P106）
東海道新幹線
浜松中央市場
炭焼鰻はじめ（P054）
高塚駅
浜松駅
新居関跡
四季の味 しんや（P012）
割烹 紅葉（P068）
新居町駅
弁天島駅
たか鮨（P048）
潮見坂
新居浜
舞阪駅
レストラン クレルレヴェイエ（P032）
掛塚橋
大倉戸
坪井
篠原
肉料理ひなた（P098）
南区
すし懐石 いそ川（P052）
食處 むらまつ（P056）
遠州大砂丘
遠州大橋
雅楽之助 ま寿ま寿 総本店（P082）
芳川
浜松市役所
浜松
遠州病院駅
裁判所
東小
開誠館高・中
ビストロ チキート（P110）
県総合庁舎
cafe & dining 空間（P122）
Ma Maison Ishiguro（P030）
馬込橋
第一通り駅
菩提寺
べったくDINING 月のうさぎ（P120）
浜松料理 座房（P088）
THE BRASSERIE（P026）
ニエウ クアン ベトナム料理（P102）
浜松
鮨 泉水（P044）
三菱UFJ
浜松局
オークラ
浜松科学館
ザザシティ
新浜松駅
浜松駅
御膳房（P096）
セレクトイン
鳥料理 鳥浜（P016）
コート
辻梅新館
うなぎ藤田浜松駅前店（P046）
グランドホテル浜松別館 民芸割烹 いなんば（P108）
グランド
明善寺
法林寺
末広鮨（P064）
アパ
税務署
双葉小
サーラシティ
鹿島神社
OCEAN BISTRO Twuku Twuku（P104）
JR浜松駅周辺

Staff

編集・制作

（有）マイルスタッフ
TEL:054-248-4202
http://milestaff.co.jp

取材・撮影

梶岡和香奈　御手洗里美
鈴木詩乃　大杉晃弘
河田良子　佐野正佳

デザイン・DTP

山本弥生　小坂拓也

浜松　こだわりの美食GUIDE

2019年10月30日　第1版・第1刷発行

監修者　大石　正則（おおいし まさのり）
著　者　ふじのくに倶楽部（ふじのくにくらぶ）
発行者　メイツ出版株式会社
　代表者　三渡　治
　〒102-0093 東京都千代田区平河町一丁目1-8
　TEL：03-5276-3050（編集・営業）
　　　03-5276-3052（注文専用）
　FAX：03-5276-3105
印　刷　三松堂株式会社

ご意見・ご感想はホームページから承っております。

メイツ出版ホームページアドレス　http://www.mates-publishing.co.jp/

編集長：折居かおる　副編集長：堀明研斗　企画担当：堀明研斗